くらしのなかの文化・芸術・観光

カフェでくつろぎ、まちつむぎ

井口 貢

法律文化社

はじめに

唐突ですが、昨今「政策」という言葉をメディアでみない日はありません。とりわけ、総選挙だ、そしてさあマニフェストだ……といった文脈のなかで。しかし、二言目には「政策」を持ち出したがる側の人々のなかに、時として党利党略やさらには語弊を恐れずにいえば、選挙に通るために、本音としての私利私欲を隠して「国民のため」と声高に叫ぶ人もいるかもしれませんね。「政策」は「政治家」の独占物ではありませんし、それを私利私欲実現のために手段化しては、決して国も国民も幸福になることはできません。

政治屋ではなく、本物の政治家を選ぶことはもちろん僕たち国民の責務であり、また私利私欲化した人たちを議会に送り込んでしまったとすれば、それもまた僕たち国民の責任でもあるわけです。「政策」を学ばなければならない大きな意味のひとつは、そこにあるような気がします。そして、いかなる「政策」であっても、その本質が「公共政策」である以上、僕たちのように普通にくらす普通の人々（本文で登場する柳田國男[1]がいう「常民」に当たる人々）の公益を守り、その福祉水準（すなわち、文化と経済のバランスがとれた豊かさと幸福度）を向上させるものでなければいけません。ただし、「公共政策」といってもその主体となる担い手は、国家や自治体（都道府県から基礎自治体まで）・公共団体だけの専有物ではありません。とりわけ、この本が扱おうとする文化や芸術、まちつむぎ[2]と観光などにおいては、それが強くいえそうです。

ところで僕は現在、京都御苑のすぐ北に位置する同志社大学の政策学部で教鞭をとっています。まさに「政策」を学ぶための学部です。一〇年ほど前に、この学部が生まれた当初、とりわけ受験生の人たちの間では、

「政策」を学ぶということのイメージが捉えにくかったのかもしれません。また僕は、しばしばゼミの学生たちと地方の都市や農村のフィールドに出ることがあります。ずいぶん以前のことになりますが、山陰地方のある農村で一緒に畑仕事をしていた地元の中年の男性から、「セイサク学部って、何をつくってるの？」と尋ねられたこともありました。それは「制作」か「製作」と誤解されたわけですが、党利党略的「政策」のイメージのみが、僕たち現代に生きる「常民」にはあまりに強すぎるが故の、ひとつの証左だったのかもしれませんね（少しネガティブな証左かもしれませんが）。ただ「つくる」ということでは、「政策」を学ぶことの大きな意義として、自立というよりもむしろ自律的な「常民」を「つくる」（育てる）ことがあることはいうまでもありませんが。柳田はその学問を通して、その必要性を生涯に渡って訴え続けました。

　僕は、大学では主として「文化政策」と「観光政策」を担当しています。「文化政策」の考え方は多様ですが、「観光政策」の捉え方はそれ以上に多様多彩です。以前よく「一〇〇人の社会学者がいれば、一〇〇の社会学がある」といわれたことがあります。「文化政策」も「観光政策」もそれに似たところがあり、また定理定則があるわけでもないし、「経済学原論」のような原理論があるわけでもないので、とりわけこれらの政策は、両刃の剣になりがちです。もちろん、他の政策分野においてもそれが例外ではない部分もあるでしょうが。

　他の政策においても例外でないということでいえば、そこにおいては、「フィロソフィー」を持ち豊かな「詩心」と「誌心」そして「史心」[3]を忘却してはいけないということです。「文化政策」と「観光政策」においては、特に三つの「心」と「フィロソフィー」がコアカリキュラムだと思っています。

　「フィロソフィー」は「哲学」を意味する言葉ですが、もともとの意は「知を愛する」（フィロス（愛）とソフィア（知）が合成された言葉）という行為であり、文学部哲学科で本格的に学ばなくとも、人として誰もが行え、かつ行わねばならない営為です。[4]そして〝おやじギャグ〟をお許しいただければ、「知（恵）を愛し、地（域）を愛すること」が、文化や観光について考えるときには必要です。グローバル化する社会のなかで、ローカルなものが有する固有価値をも併せ忘れてはいけません。ローカルな固有価値の尊重が、グローバル化する現代社会のなかでもきっと活きてくるに違いないと思いますし、そのことがグローバル社会のなかで日本を訴える大きな力となるのです。

さて、前書きがあまり饒舌になってしまってはかえって退屈ですね。そこで、本書の副題にもある「カフェでくつろぐ」ということについて記し、本文に入っていきたいと思います。

僕はカフェとは、単に飲食をするだけの場ではないと思っています。大げさないい方かもしれませんが、そこはひとつのトポスではないかと思うのです。トポスとは人にとっての心理的空間であり、心象風景を彩る場所のことです。学生時代の恩師のひとりである山岸政行先生（他大学から非常勤講師でみえていた英語の先生ですが、その後ずっと僕にとっては大切な恩師でした）に僕はよく授業が終わると、〝喫茶店〟に連れて行ってもらいました（その頃は、今のようにカフェという言葉はあまり使われておらず、戦前からの名残のような言葉としての〝カフェー〟は少し意味合いが違っていました。僕たち学生は、〝サテン〟などといったものです）。

山岸先生があるとき、このようにおっしゃいました。「君、本屋さんに行って本を買ったら、まっすぐに家に帰るのではなく、まずお気に入りの喫茶店に立ち寄り、そこでページを開くようにしなさい」。はたちの頃の僕が、トポスという言葉をどこまで理解し実感していたかは怪しいのですが、そのときに僕は喫茶店の場所性を感じました。以来三十数年経った今も、その場所性を感じ、喫茶店やカフェを愛用しています。すなわち、喫茶店・カフェとはそれを愛する人にとっては「第三の場所」なのです。しかしもちろん、それと併せてこの「第三の場所」は「社会的な場（ソーシャルプレイス）」であるということも忘れてはいけません。カフェとコミュニティづくりの専門家の入川ひでと氏も、その点を強調しています（『カフェが街をつくる』クロスメディア・パブリッシング、二〇一二年)。

また一九八九年にアメリカで刊行され、邦訳が待望されていたレイ・オルデンバーグの著作が『サードプレイス』として、二〇一三年の秋に出版されました(忠平美幸訳、みすず書房、二〇一三年。原題は、*The Great Good Place: Cafés, Coffee Shops, Bookstores, Bars, Hair Salons and Other Hangouts at the Heart of a Community*)。この著は「第三の場所」が、ひとりの人からコミュニティ、そして地域社会において、いかに大切で不可欠、重要なものかを改めて考えるための必読書です。

仮に「第一の場所」を家庭としたときに、そこはある意味で狭義の「くらしの場」です。また「第二の場所」は「仕事の場」ということになるでしょう。そして、ソーシャルプレイスとしての「第三の場所」は、「第一、二の場所」でくらし、生きる僕たちにとって、片時の非日常が感じられる再生産の場や、時として人間関係の緩衝剤となる場でもあるのです。また、「第一・二の場」では出会えないような人たちと邂逅し、あるいは情報交換もできる場でもあるのです。いうまでもなく、これら「第一、二、三の場所」はすべてが、僕たちにとっての広義の「くらしの場」です。今になって思えば、山岸先生はそんなことも若かった僕に、おっしゃりたかったのではないかと思います。

さて、そろそろ、前書きを閉じ本論に入らなければなりません。そこで、この本の趣旨や、どのような方々に読んでいただきたいかということを記しておきたいと思います。修辞的にいえば、まさにカフェのような第三の本を書けないかということが執筆の動機となっています。「小説」でもなければ「専門書」でもない本。そして中学・高校生から大学生、そしてそのお祖父さん、お祖母さんまでが、眉間に皺を寄せずに、カフェや縁側ででも気楽に読んでいただきながら、何かひとつでも感じ取ってもらえればと願いました。換言すれば、若い世代の人たちには、何かひとつでいいから伝えることができればと、また熟年・団塊の世代の人たちには忘れていた何かを、改めてひとつでもいいので、思い起こしていただければと念じました[5]。

先にも触れましたように、僕も大学で教鞭をとって久しくなりましたが、学生たちにとって九〇分間の講義のなかで、卒業後に最も印象に残ることの多くは、本論と本論の間をつなぐ余談（まさに「第三の話」、しかし本論と本論を「つなぐ」ことは必須ですが）のような気がします。僕自身も小学生の頃から大学院修了までの少しだけ長めの学生生活を通して、ずっとそうだったように思います。

昭和四〇年代前半に若者たちが熱狂したあるアイドルグループ[6]（京都出身のバンド、ザ・タイガース、二〇一三年一二月三日の日本武道館公演を皮切りになんとオリジナルメンバーで再結成されました）のひとりであった、瞳みのるさんという人がいます。彼は、芸能界引退後に慶應義塾大学に入学し卒業後は慶應高校の国語科の名物教師になりました。退職後彼は近著のなかでこのようなことをいっています。

（授業は）どんな方法をとっても、心の中に何かが残ればいいんです。授業なんてものは、何も残らなくて、たぶん面白い話だけが残ります。でも、それは決してマイナスではないと思うんです。それが残っていない教師はつらいでしょうね[7]。

さて、僕のこの本のなかでどれだけ「第三の話」を読者のみなさんに残すことができ、みなさんにとっての生活の場の本論となる「第一・二の話」に活かしていただけるかどうかははなはだ心もとないのですが、可能な限り頑張ってみたいと思います。

なお本文のなかでは、各部の末尾にコーヒーブレークとしての【コラム】を設け、さらにその末尾には読者のみなさんと一緒に考えてみたいテーマを設定し、問題意識を共有できればと思っています。なお、副題にある

「まちつむぎ」という言葉について、耳慣れない言葉かもしれませんが、それも本文中で明らかにしていくつもりです。さあそれでは、みなさんと一緒に、カフェ談義を始めましょう。

二〇一四年如月、五八歳の誕生日の日に
淡海の畔に近い寓居にて、学ぶことを教えてくれたすべての人たちへのオマージュに代えて

井口　貢

註

（1）柳田國男（一八七五〜一九六二）、日本民俗学の創始者……などといわれることが多いのですが、わが国近代において「史心」を重視しながら、豊かな「詩心」とともに、「政策科学」の確立を求めました。したがって、彼が創始し試みようとした民俗学は、もちろん一部で今でも誤解があるかもしれないような、好事家の懐古趣味的なそれでは決してなく、「公共民俗学」であったと思います。本書Ⅰ部の扉に引用しました折口信夫の一文は、まさにそのことを語るものではなかったでしょうか。

（2）「まちつむぎ」とは、二〇〇九（平成二一）年の春にゼミ生たちと長野県飯田市でフィールドワークを展開し、地元の方々と交流するなかで学生たちの発案がきっかけとなって生まれた造語です。井口編著『地域の自律的蘇生と文化政策の役割』（学文社、二〇一一年）を参照してください。

（3）柳田は、歴史教育においてこどもたちに「史心」を育まなければならないと考えていました。

（4）松田哲夫編『中学生までに読んでおきたい哲学①〜⑧』（あすなろ書房、二〇一二年）というシリーズ本があります。参考になるかと思います。

（5）二〇一三（平成二五）年は、作家司馬遼太郎の生誕九〇年に当たる年でした（一九九六年没）。文藝春秋はそれを期して、文春文庫のPR冊子を作成しました（池波正太郎も同年生まれで、二人合わせてのPRでした。池波は一九九〇年没）。そのなかで、作家の浅田次郎が次のような一文を寄稿しています。「（司馬は）読書を始めたばかりの中学生にも、四十を過ぎた職業作家にも同じ感銘を与える」。エンターテインメントとしての作品に限らず、仮に専門書でも本来はそれが「学問救世」と「経世済民」を目的とするものであれば、こうした姿勢は必要なのではないかと思います。僕は大作家でもなければ大学者でもありませんので、すべての世代に同じ感銘を与えることなど到底不可能ですが、今回のこの本はすべての世代にお読みいただき、それぞれの世代に応じた読後感をお持ちいただければと思います。

（6）ただし、メンバーの多くはアイドルであることよりも、ミュージシャンであることを望んでいたようです。その真骨頂ともいえる彼らの後期のコンセプト・アルバムが『ヒューマン・ルネッサンス』（一九六八年）です。中学生だった僕は、この楽曲にとても惹かれました。とりわけ、「忘れかけた子守唄」（ヴェトナム戦争へのプロテストソング）と「廃墟の鳩」（ヒロシマ、ナガサキへの鎮魂歌）が秀逸だと思います。本文中でも少し触れますが、僕は政策学部の同僚の多田実さんと飯田在住のミュージシャン兼まちづくりプランナーの桑原利彦さんと組んで「KIT-on」というネオフォークロック地域活性化バンドをやっていますが、そのライブではザ・タイガースへのトリビュートの意を込めて、必ずこの二曲はカヴァーしています。

（7）瞳みのる『老虎再来』祥伝社、二〇一二年、二一二頁。

＊本文中も含め、文中での敬称はあえて必ずしも統一してはいないことと、故人については原則として省略してあることをご了解ください。また、本文中に掲載した写真は、[01] と [10] を除きすべて筆者撮影です。

くらしのなかの文化・芸術・観光——カフェでくつろぎ、まちつむぎ——

目次

Ⅰ部

碩学の思想からくらしの文化を読む

——柳田國男を中心に——

あたかも島の祭りの日にて、その夜は芝居あり、明神の社の後ろなる小松原に舞台を設けて、潮風に黒みたる若者等、自ら俳優の巧みを真似び、妻や妹の眼を悦ばしむ。

石灰もまたこの島の産物の一なり。……海の幸乏しき頃は、島人これを切り出して生計とす。熱田のセメント会社は、十年の間を約して一手に買い入るる由にて、すでに若干の前金を受け取りぬなど噂せしが、今はいかにしけん。

村の若者も多くはその家に寝ず。二十前後の頃は、皆村の重立ちたる人に託せられて、夜はその長屋に行きて寝るなり。

嵐の次の日に行きしに、椰子の実一つ漂い寄りたり。打ち破りて見れば、梢を離れて久しからざるにや、白く生々としたるに、坐に南の島恋しくなりぬ。

柳田國男「遊海島記」

伊勢海と太平洋をつなぐこの狭窄な海門は、風のある日には、いくつもの渦を巻いた。水道を隔てて、渥美半島の端が迫っており、その石の多い荒涼とした波打ち際に、伊良湖崎の小さな無人の灯台が立っていた。

むかし「寝屋」と呼ばれていた若い衆の合宿制度が、そういう名に呼び変えられて、今も多くの若い衆は自分の家に寝るよりも、浜辺のその殺風景な小屋に寝泊まりすることを好んだ。そこではまじめに教育や衛生や、沈船引揚や海難救助や、また古来若者達の行事とされる獅子舞や盆踊りについて論議が闘わされ、そこにいると、若者は公共生活につながっていると感じ、一人前の男が担うべきものの快い重みを味わうことができた。

三島由紀夫『潮騒』

日本の真の経済史学者として、先生を大きくとり出すことを忘れてはならないでしょう。だが経済史学だけでは、どうしても足りません。それだけで到達することの出来なかったのは、神の発見という事実です。それがつまり、先生をふおくろあに導いたのです。

折口信夫「先生の学問」

史心というものだけは、いかなる専門に進むものにも備わっていなければならぬことは、ちょうど今日問題になっている数学や生物学も同じことだと思う。

柳田國男『日本の祭り』

1章　柳田國男との最初の出会い

名も知らぬ遠き島より　流れ寄る椰子の実ひとつ
故郷の岸を離れて　汝はそも波に幾月
（島崎藤村「椰子の実」より、『落梅集』から）

僕が中学三年生だった頃の話から始めましょう。滋賀県の米原町（平成の大合併を経て米原市に）にある米原中学校に在学していました。時あたかも高度経済成長期が佳境に至ろうとする一九七〇（昭和四五）年、大阪では岡本太郎の作品である「太陽の塔」がシンボルマークのように聳える千里丘陵で、「人類の進歩と調和」をテーマに世界万国博覧会が開催されていました。第二次世界大戦の敗戦からちょうど四半世紀が過ぎた年でもありました。この年を代表するヒット曲として、僕は「戦争を知らない子供たち」（作詞：北山修、作曲：杉田二郎）が印象に残っています。この曲は、万博の会期中にお祭り広場で、そのイベントの際に若者達によって唄われました。

僕が生まれたのが一九五六（昭和三一）年、この年の『経済白書』は、「もはや戦後ではない」と高らかに謳いあげました。まさに日本が経済大国に向け、世界史上未曽有といわれた、豊かさを具現化する過程の一五年間を生きていたときでした。そうした激変するわが国の社会のなかで、この田舎町の米原も例外ではない部分と、一方で例外のように長閑でのんびりした部分が共存していたように思います。世のなかの大きな流れのなかに飲まれつつ、飲まれ切れていない部分が、この頃の地方都市にはまだまだあったに違いありません（この間に良い意味で飲まれ込まないでおこうとする動きが、いくつかのまちで起こりますが、これがのちにブームとなる「まちづくり」の序曲となります）。

一見刺激に欠けそうな田舎町の中学三年生であった僕にとって、大きな刺激を与えてくれたふたりの先生がいました。その授業のなかで聞き、僕の脳裏にインプットされたキーワードは、左記のとおりです。

柳田國男、伊良湖岬、三島由紀夫、神島、釈超空（折口信夫）、村芝居

そしてさらに印象に残ったのが、冒頭に紹介した島崎藤村の「椰子の実」という詩でした。
ちなみにそのふたりの先生とは、音楽担当の今藤《こんどう》恵水《えすい》先生と国語担当の阿部《あべ》秀彦《ひでひこ》先生です。
なお、今の若い人々には「碩学」という言葉に馴染みがないかもしれませんね。例えば、「柳田國男はわが国の近・現代の思想を代表する碩学のひとりです」といういい方をすればその前後の文脈からわかりますね。さてしばらくは、その柳田について、具体的に僕自身のライフヒストリーに絡めながら記していきたいと思います。
ところでその前にということになりますが、去る二〇一二（平成二四）年は、柳田没後五〇年の年に当たっていました。またそれを少し遡る二〇一〇（平成二二）年は、柳田を代表する著作のひとつ『遠野物語』が刊行されて一〇〇年に当たる年でした。そしてその一年後の二〇一一（平成二三）年に東日本大震災が起き、柳田がその作品のなかで描いた遠野（岩手県）という地名を、震災報道のなかで何度か聞いた人もいるに違いありませんね。

こうした時代の文脈のなか、戦後何度目かの「柳田國男ブーム」が起きていることを感じます。そのブームとしては、柳田自身の生涯に関わるメモリアルなときに限らず、例えば学生運動や左翼運動が挫折・混迷したときであるとか、語弊を含むいい方かもしれませんが、わが国の社会経済が躁の時期から鬱の時期に転じようとした

ときであるなど、日本の社会が混乱や低迷する局面で今まで起きてきたことが多いような気がしてなりません。少し難しいいい方になるかもしれませんが、文明的挫折が文化的回帰を呼び起こすのかもしれません。この本のなかで、後にとりあげることになる宮本常一の思想も、ある意味で何度かのブームに遭遇してきましたが、それは柳田ブームと同質のものではなかったでしょうか。

今はまさに何度目かの柳田ブームに当たっているかのようです。角川学芸出版では、角川ソフィア文庫版で〝没後五〇年〟と銘打ち、シリーズとして「柳田国男コレクション」の刊行を始め、巻末には若い読者にも親しみやすい解説を加えています。

またこれは専門書の類となりますが、藤原書店から『世界の中の柳田國男』（R・A・モース、赤坂憲雄編、二〇一二年）という、興味深い本が上梓されました。これは、主として欧米の研究者による最新の柳田論です。編者のモースは本書「はじめに」の末尾において、次のように述べています。

柳田国男の没後五〇年を迎える今日でも、柳田の研究と著作の遺産は生き続けている。その功徳をどう論じようと、柳田が日本の二十世紀の知の巨人の一人であることには変わりはない。柳田の遺産は日本にのみ残されたものではない。この小さな本で示そうとしたとおり柳田は、日本の民俗的伝統をめぐり、世界中で大きな関心を生み研究を促している。柳田の生んだ学問分野は国際的な比較研究の基盤として、豊かな可能性を秘めている。（二〇～二一頁）

誰にも親しみやすい文庫から専門書に至るまで、広く紹介され続けることは、まさに「碩学」たるゆえんであるのかもしれません。ただ、僕たちが実は忘れてはいけない本当のことは、碩学の思想を、ブームだけにしてはいけないということです。ブームになるということは、時として安易に手段化されることにもなりかねません。ブームとなって、多くの若い人たちがその思想を知るところとなることは、決して悪いことではありませんし、むしろそれは喜ばしいことです。ただ、自己のなかにおいて、碩学の思想を「方法論」として十二分に咀嚼したうえで、大切な目的のひとつと捉える視点も忘れないでほしいと思います。手段と目的という意味でいえば、碩学の思想は、文化政策における「文化」とそれが有する両義性に似ているようにも思います。

さらに若干の余談とともにいうと、僕たちの学生時代に論文を作成するときに、よく俗にいう「ヨコのものをタテにする」ことの是非が問われました。柳田が『遠野物語』の冒頭に先立って記した献辞「此書を外国に在る人々に呈す」が意味するところは、「ヨコのものをタテに」することに対するアンチテーゼであると、初めて柳田のこの書を読んだときから僕はそう思い続けてきましたし、今もその思いは変わっていません（柳田自身は、生前において、仕事の関係で海外に在住の日本人の友人・知人に呈したもの、と額面どおりのことを述べていたようですが、それが真意であったかどうかは別ではないでしょうか）。

柳田はもちろん「ヨコのもの」の存在を否定したわけではありません。「ヨコ」を金科玉条のごとく手段化し、それを威光と感じ牽強付会に「タテ」を切ろうとする視覚を否定したかったのではないかと思います。(1) あるいは、もっといえば「ヨコ」を「タテ」に翻案しあたかも自分自身のオリジナリティーであるかのように振る舞う「タテ」の人々に警鐘を鳴らしたかったのでしょう。思想の輸入商社（者）が絶対的に悪いわけでは決してないでしょうが、それをあたかも自分のオリジナリティーであるかのように振る舞ってはいけないのです。

2章　「詩心」と社会科学

ある原体験

前章の冒頭で記した島崎藤村の「椰子の実」の詩は、若い学生のみなさんはご存じないかもしれませんが、後に大中寅二によって抒情的な曲を得て、わが国の代表的な唱歌のひとつとなりました。

僕が中学生の頃は、おそらく多くの中学生が音楽の時間に知り、一度は口ずさんだに違いありません。先に記したように、僕も中学三年生の音楽の授業のなかでこの曲と出会いました。担当していたのが、今藤恵水先生でした。

僕たちにとっては初見のこの曲を、今藤先生のいわばピアノソロで聞いた後に、先生からこのような解説があったことを昨日のように覚えています。

君たち、この歌の作詞者である島崎藤村の名前は、阿部先生の国語の授業でも聞いたことがあると思うから、良く知っていますよね。しかし藤村は実は椰子の実が流れ着いた岸辺を一度もみていないのですよね。彼の友人で、そしてのちに有名な学者となった柳田國男という人が、見聞し藤村に語ったエピソードがヒントとなってできた詩が基になっているのです。

僕は、先生のこの解説に惹かれました。そしてさらに「柳田國男」という人物に興味をそそられました。もちろん初めて聞く名前であったはずですが、どこか記憶の底の淀みから突然浮かび上がってくるような感触がありました。そのときすぐには、それを思い出すことができませんでしたが、「柳田國男氏逝去」と伝える新聞記事か何かを垣間見た記憶であったことに行き当たりました。柳田が八八歳というその長い生涯を終えたのは、一九六二（昭和三七）年の八月八日のことでした。僕は小学校の一年生で普段は新聞など読んでいたとは思えないのですが、その数日前に家庭のなかでエポックメイキングなある出来事があったため、たまたま新聞記事やテレビを熱心にみていたのです。

それはさておき、今藤先生は続けて「その柳田が椰子の実をみたのが、愛知県の渥美半島の突端にある伊良湖岬という所だったんです」と僕たちに語ってくれました。古語に「ゆかし」という言葉があります。まさに、阿部先生の国語で出てきたばかりの言葉が連想され僕はそのとき、柳田國男と伊良湖岬に「ゆかし」という感覚を抱きました。そして、大学生になったらきっと柳田國男を読み、伊良湖岬に行ってみようと思いました。

悲しいことに、すぐにそれを実行することができなかったのが、田舎の中学生のしかも意気地なしで凡人たるゆえんです。

中学校の音楽の時間での今藤先生のこの話は、いわば「学習指導要領」的にいえば、語らなくともよい話であったのかもしれませんが、しかしこの「どっちでもよい話」が、僕にとっては決して「どうでもよくはないこと」になっていくとは、そのときは考えもしませんでした。しかし、今日において僕がこのような仕事ができているこことの原点は、原体験のひとつとしての、中学生のときの授業のなかにあったように思います。

中学生のときの授業の原体験といえば、もうひとつ心に浮かぶことがあります。それは、すでにその名を記した阿部秀彦先生の授業です。先生の国語の授業もある意味で「学習指導要領」を逸脱していました。彼は、日本の近現代の文学史・文芸史について、自ら何枚ものレジュメをガリ版印刷し、授業中に配布し解説してくれました。例えば、「稲門文学」だの「三田文学」などといった言葉や、歌人「釈超空」の名など絶対に当時の県立高校への受験勉強には不要のものでした。

ただ、そこで思うことがあります。昨今、「ゆとり教育」が批判にさらされています。僕は、「ゆとり」という言葉自体はとても大切であるし、教育においてもそれが必要だと思っています。しかし、表層的な「ゆとり教育」は反対です。ホンモノの「ゆとり教育」でなければいけないのです。一端を紹介している、今藤先生や阿部先生の授業は、ホンモノの「ゆとり教育」だったのではないでしょうか。

例えば、三・一四と表記されてきた円周率を三にしてしまうことは、真の「ゆとり教育」ではないと思うのです。これは、文化のショートカットであり、ゆとりでもなんでもありません。多少回り道になっても、行間をつくりそれを読むという行為が、文化を育みそして本当のゆとりを導き出すのではないでしょうか。そこにおいて、生徒・学生はもちろんのこと教師をも育まれていくのでしょう。僕が、他の拙著のなかでしばしば使ってきた造語「協育」に含意するひとつの意味はまさにそれに当たります。

再び、阿部先生について記します。学生時代に三島由紀夫の『潮騒』（新潮社、初版は一九五四年）を読んで感動した先生は、三島がこの作品の舞台に想定した神島（三重県鳥羽市、作中では「歌島」と記されています）で教師になろうと思い立ち、大学卒業後三年間この島で中学教員を経験した後に、地元滋賀の湖北に戻ってきました。僕たちにとって、地元公立中学校の教員は、ほとんどの方がストレートに地元国立大学の教育学部に入学し、そして卒業後にはやはりまっすぐ県内の学校に奉職という例が少なくなかったように記憶しています。そうしたなか、先生はかなり異色で、大学も東京の國學院大學の国文学科の卒業でした（何らかの形で、釈超空こと折口信夫の思想と学問の影響・薫陶を受けているはずですよね）。

先生の授業を受けて、僕のなかで鮮明な記憶として残っていることが三つ、そのひとつが「日本文学史特講（?）」であり、ふたつ目が神島での様々な思い出話でした。あるとき映画『潮騒』のロケに遭遇し、主役の宮田初江を演じた吉永小百合さんと、卓球をしたことがあるというのが彼の自慢のひとつでもありました。ちなみに、このとき新治役を演じたのは、浜田光夫さんでした。

もうひとつ印象に残る話は、後ほど記すことにしますが、「住民が主役の地域文化政策」に初めて触れることができたということです。少しぼかしたいい方をすれば、ここにおいて「村芝居」の要素が関わってきます。もちろん、当時中学生の僕が「住民が主役の地域文化政策」というタームなど知る由もなかったし、今となってこれもそうだったのだと気付くに至ったということですが。

大学生になったら伊良湖岬に行きたい……ということを先に記しましたが、神島についてもそんな想いを持ちました。ただ中学生だったそのときは、このふたつの場所が伊勢と三河の海を背景にして指呼の距離にあることにはまだ明確には気付いていませんでしたから、このふたつのトポスと柳田、三島の関係性ももちろん知る由もありませんでした。

本当に不思議なことですが、僕が四年越しのこのささやかな旅を実現し、関連の文献を読み進めていくなかで、柳田國男をキーワードに伊良湖岬と神島、三島由紀夫、釈超空（折口信夫）、そして村芝居……等が自分自身のなかで映像のようにつながっていくのを感じたのです。(2)

僕がゼミの学生たちに「ゼミ是」とする言葉は、「書を携えてまちに出よう！」ですが、併せ「まちから帰ったら、書を振り顧《かえ》ろう！」と伝えるようにもしています。これはまさに、学生時代のこのような体験があったからかもしれませんね。

01　若き日の柳田が流れ寄る椰子の実をみつけた伊良湖岬（筆者20歳の頃，撮影：小松登士夫）

「遊海島記」、その旅の始点――大学図書館にて発見――

中学生のときに思い描いたこの旅をようやく実現できたのは、一九七六（昭和五一）年九月六〜七日の神島・伊良湖行でした［01］。僕はちょうどはたちになっていました。柳田が伊良湖を訪れたのが二三歳のときでしたから、奇しくも同年代の頃ということになります。碩学に対して不遜ないい方かもしれませんが……。なお、現代の若い人たちの間では、アニメ・コンテンツ等を中心とした「聖地巡礼」がブームとなっているようですが、この神島・伊良湖行は、まさに僕にとっての初めての聖地巡礼でもあったのです。

伊良湖行にあたって、僕は若き日の柳田が伊良湖で見聞した文献を探してみようと大学の図書館を渉猟しました。実はすでに読んでいた柳田の最後の著作といってよい『海上の道』に、ひとつの示唆があったからです[3]。そしてみつけたのが「遊海島記《ゆうかいとうき》」でした。それが収録されていたのはわが国の紀行文学集のような、アンソロジー形式のものだったと記憶しています。どこの出版社の何というシリーズであったかは、今では定かではありませんが、開架式の書架の「国文学」のコーナーにありました（僕がのちにこれを再読するのは、柳田の著作集においてです）。

アンソロジーに所収された「遊海島記」を携えて、まさに僕は伊良湖と神島に向かう旅に出たわけです。「遊海島記」を読んでいたおかげで、柳田があの神島に渡っていたという事実も知ることができていました。しかも、神島に関わる記述にはかなりの力が入っていることに気付かされました。

そしてその一年半ほどののちに、大学の図書館である思想誌をみつけました。『展望』一九七八年二月号第二三〇号（筑摩書房）です。残念ながらこの雑誌はその後間もなく廃刊となり、今は存在していません。そのなかに所収されていたのが、岡谷公二氏の論文「椰子の実とアシカ」です。僕はこれを閲覧室でいっきに読了しました。そしてその足で生協の書籍部に赴き、のこり一冊となっていたそれを買い求めたことを覚えています。今ではすっかり黄ばんでしまったその雑誌は、少しの書き込みとともに大切に大学の僕の研究室に保管してあります。

さて、「椰子の実とアシカ」を読んだことがきっかけとなり、柳田への関心は僕のなかで膨らんでいきました。すでに刊行されていた岡谷氏の著書『柳田国男の青春』（筑摩書房、一九七七年）をみつけたのもその頃のことでした。

森鷗外の知遇を得て、恋を詠う若き新体詩人として注目され、その文学仲間に島崎藤村や田山花袋らがいたにもかかわらず、何故いとも簡単に抒情詩の素材を藤村に提供し、これを境に詩作を捨てて、政策科学としての農政学の研究に転じていったのか？

この点については、少なからずの研究者が論じてきたことですが、右に記した岡谷氏の研究はその嚆矢となったものでしょう。そして岡谷氏による最も新しいその成果は、『柳田国男の恋』（平凡社、二〇一二年）のなかに結実しています。

柳田を巡る恋や友情を研究し論じることは、柳田研究においては非常に重要なテーマです。なんといっても、詩人から政策科学者に転じていこうとするその狭間を論じることを抜きにしては、柳田を語ることはできないからです。にもかかわらず、このような研究に本格的に着手したのは、実質的には岡谷氏が最初であり、とりわけ社会科学の分野からの研究はほとんどなかったのではないかと思います（岡谷氏の研究の出自は、美学美術史やフランス文学です）。社会科学者・柳田の学問におけるいわばニッチなこの空間は、それでいて非常に大切です。柳田研究に不可欠なこの部分について、詳しく深く知りたいと思われる方は、是非この岡谷氏の研究成果に触れていただきたいと思います。ちなみに、柳田は生前に筑摩書房から『定本　柳田國男集』の編纂と刊行が始まったときに、「野辺のゆき、」をはじめとする一連の抒情詩、恋の歌などの所収を厳に拒みました。しかし没後に、同じく筑摩書房から刊行された『新編　柳田国男集』や、最も新しい全集である『柳田國男全集』には収録されていますので（ちくま文庫版『柳田國男全集』にも収録）、僕たちは今それに触れることができます。

「遊海島記」、その旅と柳田の原点——恋と詩心と「政策」と——

岡谷氏の論考に屋上屋を重ねるかのように詳細な紹介を加えることや、あるいはそれを先行的な研究と踏まえたうえで、柳田学のニッチな空間に対してより新たな発見や僕自身の見解を述べることについては、この本の主旨と紙幅の関係から考えて、禁欲的でありたいと思います（近いうちに、別の本のなかで書きたいと思っていますが）。もちろん、柳田の若き日の恋の成否や、あるいは「遊海島記」が彼のセンチメンタルジャーニーであったか否かなどを詮索する気も僕にはここでは毛頭ありません。しかし、岡谷氏がその最新の著作で指摘していることは、非常に重要で示唆深い気がしてなりません。「彼にとって恋愛が、抜き差しならぬ、重くて大きい、人生観にさえ大きな影響を与えた経験であり、後年の彼の歩みと仕事に濃い影を落としていると考える(4)」。

そして、ひとつだけ確認してみなさんに伝えておきたいことがあります。周知のように、柳田はその生涯を通して、「学問救世」と「経世済民」を祈念し、それを具現化することが彼の学問の基本姿勢であったといわれています。柳田にとってこの基本姿勢に至ることになる原体験は、多くの研究者によって指摘されている「地蔵堂の絵馬」と「日本一小さな家」だったでしょう(5)。そしてこの原体験こそが、柳田民俗学の原点であったとするならば、彼の民俗学がまさに「公共民俗学（Public Folklore）」たるゆえんもここにあり、決して「好事家趣味の懐古調民俗学」ではなかったということを再確認しなければならないでしょう。本書Ⅰ部の扉部分に引用した柳田の高弟・折口信夫の「先生の学問」の指摘は、そのことを象徴しています。

　この幼少期に受けた原体験以降、基本姿勢を貫きつつ柳田が最後の著作としての『海上の道』に至るまでの道程に起因する部分について少し乱暴かもしれませんが、簡単に①〜⑧のような形で辿ってみましょう（⑥と⑦の間の時間的経緯は、あえて略してあります）。すでに記しましたが、この著作が刊行された翌年の一九六二（昭和三七）年八月八日に、彼は八八歳で長い学究の生涯を終えたのです。

① 「日本一小さな家」と「地蔵堂の絵馬」とに象徴される幼少期の原体験
② 新体詩人として注目された、青年期の体験
③ 東京帝国大学法科大学政治科入学（二三歳）、翌年に伊良湖・神島行（これが「遊海島記」の旅のモチーフになりました）
④ 農商務省に入省、「詩作」を捨てて高級官僚として「政策」への道に（二六歳）。翌年（一九〇一年）に柳田家に養嗣子（松岡國男から柳田國男へ：柳田家は信州飯田藩士の末裔）[6]
⑤ 日本民俗学の黎明の書といわれる『後狩詞記』を発表したのち、翌年『遠野物語』を公刊（三五歳、一九一〇年）
⑥ 官僚（最後は、貴族院書記官長）を辞したのち、東京朝日新聞社の客員となって、全国をフィールド調査し、論説等を執筆（四五歳、一九二〇年）
⑦ 『故郷七十年』刊行（八四歳、一九五九年）

⑧『海上の道』刊行、『定本　柳田國男集』刊行開始（八七歳、一九六一年）

確かに、詩作を捨ててのちの柳田は、その後の政策科学としての日本民俗学、そして今日いうところの「公共民俗学」の形成過程のなかで、「恋」や「性」の問題は封印しました。そのことを批判する人たちも少なくなかったことも事実です（さらには、「天皇制」に関わる問題も封印しています。例えば、民俗学の世界でいうと赤松啓介はそういう点からの柳田批判の急先鋒として代表的な論客）。

しかし、柳田はその行間も含め彼は一貫して「詩心」とさらには「史心」「誌心」を失うことなく、その地域の文化が遵守しなければならない矜持を、政策的思考に基づきながら追求し続けた人であったということは忘れてはなりません。柳田の薫陶を受け、わが国の観光文化学の嚆矢となった宮本常一の言葉を記しておきましょう。「(柳田)先生の学問的な態度は単に民俗学に限らず、あらゆる人文科学の根底に絶対に必要なものであると思う[7]」。

ここで宮本は、「人文科学」といいますが、僕は「社会科学」の視座には「人文科学」の財貨を付与し、「人文科学」の視点に対しては、「社会科学」の着想を導入しようとしたのが「柳田学」だったと思います。そして、そのふたつの科学の架橋となったのが「詩心」と「史心」「誌心」だったのです。それ故に、「遊海島記」こそが、そのための処女作だったと確信しています。もちろん、「恋」や「性」を巡る問題をまったく抜きにしては、「人文科学」を論じることは不可能でしょう。「遊海島記」において、ダイレクトにはそれが論じられてはいないことは確かな事実です。しかし一方で、柳田が文中で「長屋」や「芝居」について記述したという事実は、この島の人々のくらしのなかにおける「恋」や「性」の問題を暗喩していたということは想像に難くありません。例えば、Ⅰ部扉部分に最初に引用した「遊海島記」の最後の部分をよく読んでみてください。「妻や妹」でいう「妹」

とは、親族としてのsisterではありません。そして、「いもうと」とは読まずに「いも」と読んでその含意するところを、文脈のなかから考えてみましょう。

なお、「公共民俗学」という言葉を初めて聞いたという人も少なくないかもしれませんので、ここに最新の定義（狭義のものですが）をひとつ紹介しておきましょう。

パブリック・フォークロア（公共民俗学）は、狭義の解釈においては、文化行政にあたる公共部門が展開する民俗文化活動ととらえられる。狭義の公共民俗学をより具体的に説明するならば、それは芸術や文化、あるいは教育などに関する非大学の組織・機関に所属し、応用的見地からなされる民俗学的な研究や活動を指す(8)。

また「柳田学」と「公共民俗学」を考える手がかりとして、少し付記しておきたいことがあります。二〇〇八（平成二〇）年五月に「現代民俗学会」という全国学会組織が立ち上がりました。そのときの学会長で今は故人となった宮本袈裟雄の病床での一文が、当学会誌の創刊号の冒頭「刊行に当たって」に掲載されています（『現代民俗学研究　1』文責は古家信平氏）。

「柳田の考え方も〈あくまでも一つの考え方〉と相対化し、民俗学が直面している課題、将来起こりうるであろう課題に対応できる民俗学の方法論を構築すべきであると思います」という指摘がそれに当たります。また同じ学会誌の巻頭論文「現代民俗学の課題」において、古家氏は「戦前のある時期の民俗学は、経世済民の学という性格を持っていたのに対して、二〇世紀の終るころの民俗学はそうした性格を失い、実証科学に徹し全国からの資料収集と類型化による比較研究を方法とするものとなった」といいます(9)。

また同じこの学会誌のなかに、「方法としての民俗学」という、山下裕作氏の論文が掲載されています。

　初期において民俗学は「目的」ではなく、純粋に「方法」だった時期が、確かにあったと思う。……現在、多くの人文・社会科学系学問は、客観的な精緻さを追い求めるあまり、多かれ少なかれ閉塞的な状況にあるように思えてならない。民俗学ももちろん例外ではない。その最も大きな原因は、学問が目的化していることにあるのだろう。いわば「目的としての学問」ということである。学問そのものが目的であるから、学問内部で、その学問を実現するための理論や方法論ばかりが意識され議論される。一面においてこれは必要な作業である。学問内部の議論が、その学問に強い実体を持たせ、厳しい現実と対峙するための体力を養う。しかしそれは「方法としての学問」に強い実践力をもたせるための体力である。意図的に柳田を排除したり或いは擁護したり、一方で海外の理論や方法論、ディスクールを輸入することが、そうした学問の体力の醸成に繋がることなのだろうか。現状において、「方法としての学問」の体力は虚弱に向かっているように見えてならない。端的に言えば、我々は目の前の問題を解こうとした時、その手段として採用する学問はいかなる学問でもよいのである。結果として様々な努力が実って問題が本当に解ければよい。……民俗学が対象とする生活者はそうして日々の暮らしを健全に過ごそうとしてきた。現在の理論・方法論・ディスクールに関する議論は、民俗学内部において民俗学者を対象にしている[10]。

さらにまた少し長い引用をお許しください。僕の親しい友人で民俗学者の岩崎竹彦さんの著書からです。

　民俗学は、社会現前の実生活に横たわる疑問を解決するために暮らしの歴史を明らかにすることがミッションの一つとされる。歴史は過去の人たちのためにあるのではない。今日と明日を生きるわれわれのために存在する。歴史学や民俗学において過去を学ぶことは手段であり、目的はより良い未来を生きることにある。そのためには、われわれのおかれている現状を批判的に観察し、客観的に分析する。問題が見つかれば原因は必ず過去に存在するのだから、原因を究明するために時間を遡って行く。表面的な現状分析におわるのではなく、史実と事実をつなぎ合わせ、広く社会をみつめて、未来への方向性を指し示す。それが民俗学である、と私は理解している。(11)

宮本、古家、山下の三氏の考えに通底する部分は、まさに「公共民俗学」のそれたるゆえんでしょう（さらに山下氏の指摘は、民俗学を超えて学問論につながる何かを訴えていますね）。そしてまた、岩崎さんのこの指摘は、まさに柳田が日本民俗学に託したメッセージであり、広義のそれも含めて、「公共民俗学」について考える大きなヒントとなるのではないでしょうか。柳田を「テクスト」として読み、「目的としての学問」をオールタナティブにみつめながら「方法としての学問」である「公共民俗学」をいかように構築し、「学問救世」の視点に立って「経世済民」を実践し、地域そして国家、ひいては国際社会の幸福の在り方を実現していくことが求められているのではないでしょうか。

「遊海島記」、その旅の広がり——三島由紀夫からのオマージュ——

すでにその名を記した三島由紀夫の作品『潮騒』は、本人も記すように『ダフニスとクロエ』を藍本としています。(12)この『ダフニスとクロエ』という作品は、ロンゴス（生没年不詳）という作家によって、二世紀末から三世紀初頭の頃の古代ギリシアで創作された恋愛物語です。したがってまさに、『潮騒』においては「新治と初江」となるわけです。いわば、ロンゴスへのオマージュといってもいいのかもしれません。

ただ僕は、荒唐無稽な解釈かもしれませんが、三島にとってのこの作品は「遊海島記」[13]、すなわち柳田に対するオマージュでもあったと考えています。あくまでも推測の域は出ませんが。生活・くらしと密接に結びついた地域経済と地域文化・フォークロアが織りなす世界で奏でられた若き恋の調べは、巧まずして三島から柳田へのトリビュートな作品だったとすれば、逆に柳田がまた彼も巧まずして三島に与えた文化創造（アートとしての文芸作品）の動機づけであったと解釈してみたいと思います。

もちろん三島はそのようなことはどこにも書いてはいません。彼によるならば、伊勢湾に浮かぶ「周囲一里に充たない小島」（『潮騒』）である神島を、「歌島」に仮託した理由については、「神島の思ひ出」という小品のなかで次のように記しています。「（『潮騒』の舞台設定については）水産庁のお手助けで、得ました。……都会の影響を少しも受けてゐず、風光明媚で、経済的にもやや富裕な漁村といふのが、選択の目安であったのです。その結果、金華山沖の某島と、伊勢湾口の神島とが、適格の島とされ、私は、万葉集の歌枕や、古典文学の名どころに近い後者を選びました」[14]（漢字は新字体に、仮名は旧字体のママ）。

鬼籍にいる三島に、その本心や思いを聞くことはかないませんし、僕のような立場の分際で、好き勝手なことを書いたら柳田からも草葉の陰から叱責を受けそうです。「過去を解説しまた批判する風は、今日はすでに盛んであるが、それは必ずしも常に知り尽くした人の言葉ではない。しかも批判せられる相手方は、何を言われても黙っている古人である。抗議も弁疏もできない過去の人の行為に対して、そんないい加減な判断を下すことは、単に不当であるのみならず、同時に自分自身のためにも大きな損失である」[15]と。

少しの余談となりますが、『潮騒』が上梓されたことで、映画となりそのロケに随伴したときの思い出を、三島はその佳品を通して語っています。「『潮騒』上梓後、俄に観光客の申込がふえ、予約が五十人に及んで頭を悩ましてゐたが、そのあとで六十数人のロケ隊が来ることになって……」[16]とは、まさに今でいうコンテンツ・ツーリズムが実践されたこととその影響ということになります。そして三島の作品のなかでこれは、シネマコミッションには最適だったようで、五度にわたって映画化されました。三島が同行したロケは初回のものでしたが、参考までにその五回すべて（東宝の作品です）を挙げておきましょう。［公開年、初江役・新治役、監督］の順に記しました。

1　一九五四（昭和二九）年、青山京子・久保明、谷口千吉
2　一九六四（昭和三九）年、吉永小百合・浜田光夫、森永健次郎
3　一九七一（昭和四六）年、小野里みどり・朝比奈逸人、森谷司郎
4　一九七五（昭和五〇）年、山口百恵・三浦友和、西河克己
5　一九八五（昭和六〇）年、堀ちえみ・鶴見辰吾、小谷承靖

興味深いことですが、「3」を例外としてほぼ一〇年おきに制作されています（「5」を最後に、その後は制作されていませんが）。そして、当時を代表するアイドルが初江を演じています。「3」はキャスティングについても異例でした。初江も新治も公募によるオーディションでした。僕は新聞記事でその募集をみました。もちろん、応募はしていませんが。小野里みどりさんは、体育大学在学中の女子大生だったと記憶しています。

僕が映画館で観たのは「3」のみで、あとは後になってからBS放送を含むブラウン管を通してでした。そして印象に強く残ることは、「3」が上映された前年の一九七〇（昭和四五）年一一月一五日に、三島由紀夫が自衛

隊市ヶ谷駐屯地で割腹自殺をしたことでした。この年は何といっても、阿部先生の授業を通して僕が三島と『潮騒』に出会った年でもあり、夕方中学校からの帰宅後に、軍服でバルコニーに立つ三島の姿を報じる様子をテレビのニュースでみたときの衝撃は、今も鮮烈に記憶のなかに残っています。

さて「余談」を軌道修正して、『潮騒』は三島による「遊海島記」に対するオマージュか？　という荒唐無稽な僕の邪推に話を戻したいと思います。

三島は、「「潮騒」ロケ随行記」のなかで、「私は自作のロケーションといふものを見に行くのははじめてである。今度わざわざロケ地へ行ったのは、もちろん目的はロケ地見学だが、この小説の調査のためにすでに二度訪れてゐるその島を、もう一度訪れてみたかったためである。もちろん人の悪い興味もあり、あれほど文明から隔絶した島が、急にロケ隊といふ文明の尖兵に乗り込まれて、どんな悲喜劇が生じてゐるか、といふことも見たかった[17]」と、おそらくシニカルな笑みでも浮かべながらでしょう、記しています。

観光の局面で、マスツーリズムに対する反省と批判から、オールタナティブツーリズムという概念が提唱されて久しくなりましたが、三島が『潮騒』を記したこの時代の日本は、まだマスツーリズムすら一般的には、その緒に就いたばかりの頃だったと思います。ただ一方で例外的な部分として、わが国においても修学旅行は早くからマスツーリズムの形態を実践してきました[18]。『潮騒』でも、新治の弟である宏の修学旅行の様子が記述されています。京阪地方五泊六日という贅沢な旅でした。新治の家族は、父を太平洋戦争の最後の年（一九四五年）に戦死し、寡婦となった母親は新治が中学を終え漁師になるまで、女手ひとつで海女となって一家を支えてきた経緯があったようです。したがって、マスツーリズムという修学旅行の恩恵がなければ、当然このような旅の実現は、なかなか困難な家庭環境であったといえるでしょう。島全体としては、やや富裕な漁村であったとしても（三島も「やや富裕な漁村イメージ」を描いているように思いますが、僕自身、阿部先生からそのような話は何度か聞いたことがあります。例えばの笑い話ですが、先生は「中学を出たばかりの教え子が、漁師になって得る収入は、僕の月給より多かったよ」と。なお、Ⅰ部の扉部分で引用した「遊海島記」の一節に名古屋・熱田のセメント会社との関係性、すなわち都市と農山漁村との連携とそれが生む豊かな関係性も、必ずしも絶海の孤島ではなく、象徴的だとは思いませんか）。

修学旅行先から宏は速達で、新治と母に旅信を送ります。京都から清水寺の絵葉書を速達で投函しました（普通郵便だと、帰島する方が早くなってしまうという宏の危惧によるものです。何でもメール、というのが当たり前の現代では、小学生が修学旅行先から家族に絵葉書を送る……という行為には、今の若い人には驚きかもしれませんね）。新治に読んでもらった宏の文面は次のように結ばれ、その一句で母親は泣き出してしまいます。「（自由行動で、映画館で映画を鑑賞したときに椅子に腰をおろしたら）フワフワした、天皇様の坐るような椅子で、お母さんも一度こんな椅子に坐らしてやりたいと思いました」(19)。

マスツーリズムとはいえ、大仕事であったことが垣間見える気がします。

さて、三島が神島を舞台に設定しようとしたときの動機には、「もはや戦後ではな」くなろうとして、マス化しつつあった日本の社会に、オールタナティブなものを再確認しようとした部分があったに違いありません。そして、実際に何度かこの島を訪れることでその思いを強くしていったのでしょう。さらには、オールタナティブなものが文明化に翻弄され、やがてマス化の運命にさらされていくことへの危惧も、十二分に認識していたはずです。こうしたことは、すでに本文でも引用した、神島を巡る三つの佳品に存分に表れているように思います（①「『潮騒』のこと」、②「神島の思ひ出」、③「『潮騒』ロケ随行記」）。

> 文明から隔絶した人情の素朴な美しい小島……人情は素朴で強情で、なかなかプライドが強くて、都会を軽蔑してゐるところが気に入った。地方へ行って、地方的劣等感に会ふほどイヤなものはない。……その風景が

無名であるところが何ともいへずうつくしいのである。……無名のつつまし美しさ……アメリカのインテリにとっては、おそらくコカコーラを売ってゐないこの島は夢の国であろう。私は僻地のインディアン部落でも、あの消防自動車みたいな色をしたコカコーラの箱を見たのである。（①三一〇〜三一一頁）

風光明媚で、経済的にもやや富裕な漁村……（神島の）自然と労働とにしっかり結びついた巌のような家族……島では、離島振興法に大きな期待をかけてゐました。以前は、伊勢や津の方面では、神島へゆく、といふと、朝鮮へ行くくらゐ億劫なことに思ってゐたやうです。用もないのに、ここまでやって来る人は、よほど物好きだったにちがひありません。（②五五一〜五五二頁）

三重大学の発表で、神島灯台員の一人とその家族が原子病に罹患したことが公になったのである。去年この島へ来たとき、「われもまたアルカディアに」の感慨を味はったが、そのアルカディアが一年後、水爆実験の被害を蒙るにいたったのである。……私は「わがアルカディア」の安否を気づかひ、神代ながらのこの小さな島が、小泉八雲の描いたラスト島のやうな破局に陥らぬことを祈った。（③四八三〜四八四頁）

①・②・③からの引用は、すべて注記にあるように、旧版の『三島由紀夫全集』の第二六巻と第二七巻からです。しかし、現代の人権意識から考えたときに、不当・不適切と思われる部分がありますが、三島が用いた語句・表現は原文に即してあえてそのままにしてあることをご容赦ください。

さて、そこで柳田の「遊海島記」をもう一度紐解いてみたいと思います。

ちくま文庫版の「遊海島記」の末尾には、「附記（旅行略暦）」として柳田が後に昭和の初めに記した一文があり、次のような一節が記されています。「あの時代の青年は一般に、今までの人の試みなかった旅行を、してみようという傾向をもっていたのである。……名所旧蹟の巡拝は割愛して、なるたけ偏土をあるいてみようというのが、この旅人の小さな発願であった」[20]。ここにいう「この旅人」とは、柳田自身のことを指しています。

「遊海島記」の初出は、改題以前「伊勢の海」という表題で一九〇二（明治三五）年に、『太陽』第八巻第五号（博文館）に収録されたもので、本文の中身は変わっていません。そして「附記（旅行略暦）」の初出は、一九二九（昭和四）年の『現代日本文学全集』第三六篇（改造社）に求めることができます。この間に、先の略年譜⑤に記した『遠野物語』と『後狩詞記』という日本民俗学の黎明を告げる二書が刊行されているのです。旅を通して日本の文化の普遍的な部分を求めようとする柳田の視線の向こうには、まず大都市ではなくオールタナティブな農山漁村にあったのですね。そして、それをフィルターにしながら日本をみつめようとしたのです。三島の『潮騒』もそれに通ずる部分があったと思います。多くの文芸評論家が、この作品についてはロンゴスと古代ギリシャの時代に描かれた、恋と牧歌性を強調します。一方で佐伯彰一は「『潮騒』が「アポロの杯」でくもうとしたギリシャの泉の賜物であったことはだけは疑えない」と指摘しつつ、それに加えて「古い原型にのっとり、その源泉からくみ上げようという三島の態度、方法は、じつは最後の四部作『豊饒の海』にまで尾をひき、つながっている。一見孤立してみえる『潮騒』は、やはり三島的想像力の正系の嫡子であった」[21]と述べています。

また余談となりますが、三島の作品群において、「一見孤立してみえる」ものとしては、さらに『絹と明察』や『美しい星』を挙げることができるように思います（ともに、新潮文庫に所収）。前者については後に少し触れたいと思いますが、今では「ゆるキャラ・ひこにゃん」で有名になり過ぎた観のある滋賀県彦根市が舞台となります。もちろん、この作品はひこにゃんとはまったく関係のない、しかし彦根に源を持つある実在の企業（近江絹糸彦根工場）の労働争議をモデルにしたものです。僕がこれを読んだのは大学時代の前半でしたが、いわゆる

02　三島も愛した喫茶・牡丹も今ではコンビニに。屋根にかろうじて昔日の面影が（金沢・片町）

「日本的経営論」が経営学の世界ではブームとなっており、まさに文芸社会学的にいえば、その良いテクストですね。

後日譚ですが、この実在の労働争議の現場となった工場も今はなく、数年前には群馬県からやってきた大手資本によるショッピングセンターに姿を変えました。その敷地内には、スターバックスコーヒーもあり、とりわけこの工場で働き、そして彦根を終の棲家とされた年配の方々にとっては、今昔の感が否めないのではないでしょうか。従業員の多くは、東北や九州などの地方から、若年労働者としてここに雇用された人たちでした。三島の作品のなかで主人公となった大槻青年（労働争議を主導）にもモデルが実在したといわれており、彼に比定されている朝倉克己さんが『近江絹糸「人権争議」はなぜ起きたか』という著作を最近、地元彦根の版元から上梓しました（サンライズ印刷、二〇一二年）。三島の『絹と明察』と比較し味読するのも興味深いでしょう。

後者は、金沢が重要な舞台となり、そのなかで散りばめられて小道具のように登場する古い喫茶店「牡丹」になぜか惹かれた記憶があります。片町スクランブル交差点を兼六園とは逆方向に降りていったところにありましたが、今ではコンビニエンスストアに変わってしまいました［02］。金沢のようなまちでも、スロウな喫茶店よりファストなカフェが流行り、その煽りでしょうか、業態変化したのでしょうね。僕も「牡丹」が好きで、金沢を訪れるたびに香林坊裏手の「ローレンス」［03］（若い日に金沢でくらしていた作家の五木寛之氏が、ここに毎日通っていたそうです）と梯子しながらコーヒーを飲むのが好きでした。「ローレンス」の老マスターはもう何年も前に故人となりましたが、いつも楽しそうに五木氏との回想を、古いアルバムとともに語ってくれたことを昨日のように想い出します。ただ僕も、ファストなカフェが嫌いなわけでは決してありません。金沢でも、近江町市場の武蔵南交差点・エムザ口《ぐち》（「百万石通り」に面しています）を見渡すことができるスターバックスコーヒーは結構気に入っていて、住まう人々と観光者との時間が交差するこの場所で風を観ながら時を費やすのは決して悪くありません。後に少し触れたいと思いますが、ファストなカフェのスロウな試みや、ファストなカフェでのスロウな楽しみ方もあるのです。大げさないい方かもしれませんが、それもまた日常何気なく散見することができる、ささやかな文化のオールタナティブな愉楽ではないでしょうか。

それはさておき、『美しい星』ではなんとUFO（未確認飛行物体）が登場します（作品中では、「空飛ぶ円盤」と三島は表現しています）。その随分後、一九八〇年代以降に始まるわが国の現代の「まちづくり」のブームのなかで、金沢にほど近い羽咋《はくい》というまちで、UFOによるまちづくりが起こったというのは、面白い話ですね。実際、このあたりの地域では、古い文書のなかにも「未確認飛行物体」に関する記述があるそうです。

03　純喫茶ローレンス

さて、軌道修正でもとに戻ります。ロンゴスだけへのオマージュであれば、舞台設定は瀬戸内海に浮かぶ小さな島でもよかったわけですし、三島もそうしたに違いありません。わざわざ、水産庁を持ち出しながら神島にした理由とは……ということです。三島の神島を巡る三つの佳品も含めて、そして『潮騒』と「遊海島記」とを比較しながら読み進めてみると、色々なことが発見でき想像でき楽しい気がしませんか。そして、改めて三島も「遊海島記」を読んでいたに違いないと推測してしまいます（三島は、『太陽』も愛読していたはずです。もちろん、『遠野物語』をはじめ、柳田についても愛読していたようです。三島の最後の文芸評論『小説とは何か』にそれをうかがい知ることができます）。

ひとつだけ、象徴的に思えて仕方がない記述を紹介しておきましょう。「遊海島記」の最後尾の記述をまず読んでみてください。「伊勢より来たりし人の物語に、この頃その海峡に砲台築かんの企てありて、神島二百余戸の漁民は、志州の国崎に移さるべしなどいえり。伊良湖もまたいかあらん。願わしきものは平和なり[22]」。

この「砲台」は、今からおよそ八〇年前に当時の陸軍の施設として築かれ、現在はいわば「軍事産業遺産」として神島に残っています。柳田が危惧した島民の国崎への移住はなかったのですが、平和の願いはむなしく太平洋戦争でこの砲台は用を為すこととなってしまいました。あの新治の父も命を落とすこととなった戦争です。そして『潮騒』を読まれた人たち、映画をご覧になった方々にはお判りかと思いますが、「砲台」とは作品のなかでクライマックスシーンとなった「観的哨」のことです（「監的哨」と表記する場合もありますが、三島は「観的哨」と記しています）。嵐の日に、初江と新治はひと時のそして初めての逢瀬をここで過ごします。映画のロケでもここは使用されました。その後、映画を観て初江と新治にあやかろうとしたカップルの観光客なのでしょうか、「観的哨」の内部は〝相合傘〟などの落書きだらけになります。僕も初めての伊良湖・神島行の際に、その多くの落書きをみたときには、失望しがっかりした記憶があります。いわば、コンテンツ・ツーリズムの負の遺産であり、オールタナティブであるはずの旅がマス化するときのひとつの現象形態なのかもしれません。観光公害といってもよいでしょう。なお、これに関わって、嬉しく興味深いことが最近新聞記事でも報じられました。この「軍事産業遺産」の老朽化に対応するため、耐震補強工事が行われ、それが終了するのと併せ鳥羽市では二〇一三年六月二日に記念式典を挙行し、その来賓として初江役を演じた吉永小百合さんを招くように、三重県を通して依頼したという記事でした（二〇一三年六月二日、ロケ以来の四九年ぶりの来島実現）。この記事の本文は、次のように結んでいます。「監的哨は観光スポットとして人気だが、建設から八十年以上たって古くなり、危険な状態に。一方で、「吉永さんは何年たっても変らず美しい」と地元関係者」（中日新聞、二〇一三（平成二五）年三月一六日付）。「軍事産業遺産」とはいえ、これを保存修景することを通して、改めて平和であることの尊さを考えることができれば、柳田の「遊海島記」の末尾も活きてくるかもしれません（これは「軍事産業遺産」ではなく「軍事被災遺産」と呼ぶべきでしょうが、広島の「原爆ドーム」はまさにそれに当たりますね）。

さてこの初めての逢瀬で、ふたりは結ばれることはありませんでした。

「嫁入り前の娘がそんなことしたらいかんのや……今はいかん。私、あんたの嫁さんになることに決めたもの。嫁さんになるまで、どうしてもいかんなア」道徳的ともいえる言葉で初江が拒否をし、新治はそのことを「やみくもな敬虔さ」で了解する。(23)

しかし小さな島の世界のこと、口さがない人たちの間では様々な憶測とともに、噂はすぐに流布します。新治の弟の宏も遊び仲間からからかわれます。「ドラえもん」の世界に喩えていうならば、「のび太」の役回りの宏は、「ジャイアン」のような宗やんから、海が荒れるのは「おまえの兄の新治が、宮田の娘の初江と交接したからだぞ。それを神が怒っておられるのじゃ(24)」といわれ、喧嘩になってしまうのです。

柳田が封印した、恋と性を巡るフォークロアが、ほのみえますね。少し穿った読み方かもしれませんが。あるいは、封印された柳田のディスクールの行間に、恋と性を読み取ろうとしたのが三島だったのでしょうか。

『柳田國男全集　2』に添付されている「月報1」に、「文人の文体」という短い論考が、民俗学者の谷川健一によって施されています。その最後のパラグラフを引用しておきましょう。

（柳田は）文学から民俗学に転向したのではなく、彼が詩作を廃したというのも、民俗学の中に、幾千年とつづいてきた「共同体の詩」を発見しようと目指したからであった。その詩の核心にはありふれた日本人の「あわれ」があった。[25]（傍線、引用者）

三島の『潮騒』が、「遊海島記」に始まる柳田の業績へのオマージュであるとすれば、その核心は「共同体」への「詩心」にあると思います。そして、柳田自身は「ありふれた日本人」を発見するために、「民衆」でも「大衆」でもない「常民」[26]という概念を創出したのだと思います。そしてそこに「史心」を抽出し、「詩心」と「誌心」を鼎《あわ》せもつ「あわれ」の心情の彼岸こそが、公共民俗学を基調とした政策科学が見出しうる場なのではないでしょうか。そして、谷川の指摘と本書Ⅰ部の扉部分に記した折口信夫の言葉を、併せなぞらえて僕なりにいうならば、「柳田は、農政学・政策科学から民俗学に転向したのではなく、どうしても足りないものを補うために、柳田をふおくろあに導き、新たな政策科学としての日本民俗学を構築することで、その科学の主体に「あわれ」をもったありふれた日本人を措定した」のだと確信しています。

「遊海島記」、村芝居と住民主役の地域文化政策

この節のタイトルの特に後半部分、「住民主役の地域文化政策」とはずいぶん堅そうですね。それゆえにか、これまでの節と違う印象を与えてしまうかもしれませんね。あるいは「遊海島記」と『潮騒』との関係性が懸念されてしまうかもしれません。しかし、ご心配なく。Ⅰ部の扉の引用をもう一度読んでみてください。「遊海島記」には「夜はその長屋に行きて寝るなり」と記され、『潮騒』では「寝屋」という表現が出てきますね。ここ

では、長屋も寝屋も同じ意です。

この本の最初の部分で、僕は米原市（滋賀県）の出身だと記しました。このまちの琵琶湖に面した地域に、磯、朝妻、筑摩と呼ばれるエリアがあります。とりわけ、磯地区にはかつて「宿」という制度が残っていました。現在は事実上は「失われた民俗」となってしまいましたが、僕たちが中学生の頃は残っていました。磯地区に住む同級生たちからは、「宿」という言葉をよく聞かされた記憶があります。実は所違えど、宿もまた長屋や寝屋とほぼ同一の形態で、主として漁業を生業とする地域にみられたといいます。神島の生業はもちろん漁業が主です。磯地区もかつては琵琶湖の淡水漁業で栄えました（朝妻、筑摩地区は湊町として栄えました）。

「寝屋」（以降、この語に統一して記します）について、地域ごとの差異をまずは一定捨象したうえで、簡単に記しましょう。基本的な主旨は、『潮騒』で記述されたとおりです。ただ、こども・若者達が寄宿する先は「浜辺の殺風景な小屋」ではなく、「遊海島記」にいう「村の重立ちたる人に託せられ」たその重立ちの家で、という地域もあったようです。

米原の磯地区はまさにそれに当たっていたようです。実際にこどもの頃にその経験をしたことのある人に先日僕は直接確認をしました。中学時代の野球部で一年後輩だった濱川祐次君から聞いた話を要約します。彼は現在も磯地区に居住し、地元旅行会社に勤務しながら米原市のまちづくりに民の立間から尽力しています（第一回「米原市観光振興計画評価委員会」、二〇一三年二月二七日、米原市役所米原庁舎２Ａ会議室にて）。

私たちのこどもの頃は、今と違って漁業に従事する家庭も多く、朝早くに両親が揃って漁に出てしまうということも少なくありませんでした。そこで、集落のなかで相対的に豊かな家の世帯主が「宿親」（擬似的な父親）となって、周囲の何軒かの家庭の子どもたちが、その「宿親」邸で寝起きを共にしました。村のしきたりから祭りのノウハウに至るまで、いろんなことを教えられたわけです。

まさに、協働による地域教育のひとつの原初的な形態をこの「寝屋」制度にみることができますね。ただ最近では「漁業というものが廃れ、多くの人が均一にサラリーマンとして豊かになっていく時代の流れのなかで、事実上「宿」は消滅してゆき、なぜ人の家で面倒をみてもらわなければいけないのか、あるいは人のうちの子の面倒をみなければならないのか、というような雰囲気も地域のなかで強くなってきましたね」と濱川君は付け加えてくれました。

実は神島と寝屋と若者と古老の力などを、地域教育の視点をも踏まえ先行的な論考を示してくれた先達に、杉本仁氏がいます。今は亡き後藤総一郎先生が中心となって運営されてきた「柳田国男研究会」でも多くの研究業績を残されています。僕もこの研究会に所属していたことがありますが、残念ながら杉本氏とはお会いしたことがなく、三〇年ぐらい前に手紙で一度やり取りをさせていただいたくらいです。当時は都立高校に勤務されており、にもかかわらず大学教員に匹敵する数々の研究業績を残されていることには、僕自身も今に至るまで敬服の念に堪えません。杉本氏は神島における「寝屋と若者」のことと併せ、「地芝居（村芝居）」すなわち「遊海島記」に記された「島の祭りの日にて、その夜は芝居あり」という事実にも注目されています。

神島では高度成長期直前まで（一九五八年頃）、夏の祭礼などにはしばしば地芝居が演じられていた。興行を打つためには、まず「芝居を買う」。「買う」とは、専門の劇団に興行を依頼することである。青年団の幹部（団長・副団長など）が、興行主のいる京都（宇治）などに出かけ、「芝居を買う」のである。そして劇団員と島の青年が共演し、芝居がおこなわれる。観客はもちろん島民だが、芝居は娯楽が主体ではなかった。邪悪なもの（流行病）を追い払うために行われた共同体の神事興行でもあった。都市祭礼の祇園祭・天王祭の山車や神輿の渡御による疫病除けや、悪霊を足踏みし退治する相撲興行などに相通じるものであったろう。[27]

柳田が来島した頃より遥か以前の、おそらく江戸中期ぐらいから、少なくとも三島が潮騒の取材で神島を訪れた頃までは、この地芝居は続いていたのです[28]。阿部先生がこの島の中学校に赴任された頃というのが、ほぼ消滅に瀕していた頃ではなかったでしょうか。ただし、先生も島の古老や父兄から、地芝居の話は聞かされていたはずに違いありません。

数年後に郷里の滋賀県東浅井郡びわ町冨田（現、長浜市富田町。「冨」と「富」はママ）の実家に戻られたときに、彼自身の文化政策のドラマが始まるのですから。なお「寝屋」も「村芝居」も、当然のことですがそこに住まう人たちが主体となって、お金も出しあって始められた制度です。今でいう「行政などからの補助金」に値するようなものが原資となったわけではありません。地域文化は原初的には、経済的にも「住民主導」だったのです。

そこで次に章を改めて、阿部先生の帰郷後の地域文化に対する挑戦を通しながら、併せて柳田の公共民俗学としての文化政策への示唆について考えていければと思います。

3章　「政策」と公共民俗学

「冨田人形共遊団」と出会う

阿部先生の国語の授業で、それまでの田舎の中学校の定番的授業とは違うような何かを感じた僕は、先生には『潮騒』や三島の話だけではなく、積極的にいろいろな話を聞きました。先生が学生時代は作家志望だったというエピソードも知りました。そして一学期も終わり夏休みに入った頃に、何人かの友人たちと阿部先生の自宅に押し掛けることになったのです。滋賀県東浅井郡びわ町北冨田（長浜市冨田町）、直前に記したとおりです。表題にある「冨田人形」と初めて出会ったのが、この夏のある日のことだったのです。その存在については、すでに一学期の先生の授業のなかでも聞いてはいましたが、実見したときの感動は、忘れることができませんでした。実はこの頃、野球少年を諦めた僕は、先生に影響されて小説家になりたいと思い始めていましたので、「冨田人形」実見の感動をいつか作品にしてみたいと、そのときに瞬間的に思った記憶があります。残念ながら、その夢はかないませんでしたが、後に今の職業に就いてから、数度「冨田人形」については、活字にする機会を得ることができました。そのときの駄文の一部をここに再録してみたいと思います。これはある雑誌に連載したことがきっかけとなりました。その雑誌というのも、その縁の源をたどれば中学時代、ということになるかもしれません。隣町の中学校に、福田定円君という人がいました。郡内の中学校の弁論大会で彼と知り合い、その後今に至るまで交友が続いています。福田君は浄土真宗の寺院の住職ですが、大学卒業後、現在も滋賀県の外郭団体である「公益財団法人・滋賀県人権センター」に勤務し、その機関誌の発行等に関わっています。今から一五年くらい前になりますが、彼から「新・淡海文化の創造」をひと月一回連載してほしいとの依頼がありました。一回につきひとつの市町をとりあげてほしいという要望でした。その頃僕は愛知県の岡崎市に住んでいましたが、滋賀県人として引き受けることにしました。その第一〇回目に連載されたのが、びわ町をテーマにした「農村と人形浄瑠璃」という小品です。引用するのは、その一部ですが、阿部先生の役職、データ等は執筆当時のままとしました。

びわ町の冨田地区（戸数二〇、人口八〇余人）に次のような伝承が残る。「天保六年あるいは一〇年に、阿波から巡業に来ていた人形芝居の一座が、北冨田において雪にふりこめられ興行不能に陥って帰りの路銀の代償として、人形のカシラや道具のたぐいを残していった。」（冨田人形共遊団発行のパンフレット「冨田人形」）

このことが、冨田地区で農民自らの演出で人形浄瑠璃に興じることの始まりとなったといわれている。しかし、それを裏付ける文書資料は全く残っていない。

現存する冨田人形の肩板やカシラに、「文化十二年」、「嘉永三年」といった年紀があるのみである。こうしたことから推測すれば、湖北の小さな農村で農民たちが人形浄瑠璃を娯楽としながら、その無形の芸と有形の人形を一五〇年以上も前から守り続けてきたことになる。

私がこの人形のことを知ったのは中学三年生の時である。もうふた昔以上も前のことだ。（最近は、一〇年ならぬ〝三年ひと昔〟という〝説〟もある。）

現在この「共遊団」の団長をつとめておられる阿部秀彦先生は、中学時代の私の恩師である。（現在虎姫町教

育委員会勤務）

国語の授業中だったように記憶しているが、阿部先生（ここからは先生と記したい）の話題が冨田人形に及んだ。当時は、今日のような「共遊団」という組織もなく、おそらく阿部家の土蔵かどこかでひっそりと守られていたのではなかったかと、記憶の糸を手繰りよせながら推測するが……。あるいは、この話を聞いたとき、私の想像の脳裏にすぐに浮かんだのが、少し薄暗く黴のにおいがする部屋に静かに横たわる〝時空の旅人〟の光景だったからかもしれない。しかし、このとき何故か私は冨田人形にひかれた。

それから間もない夏休みのある日、長浜からバスに乗った私は、「北冨田」のバス停に立っていた。ほどなく、まだ二〇代の後半だった青年教師が迎えに来てくれた。

彼の自宅で山のような蔵書と対面したあと、この冨田人形と向かい合った。うだるような暑さのなかで、どうしたことか背筋がひんやりとするような気がした記憶がある。

平成五年三月発行の『長浜みーな』（第二一号）によると、「びわ町北冨田地区に伝わる人形浄瑠璃「冨田人形」が、阿部秀彦さん夫妻を中心とする有志の努力によって復活したのは一四年前。現在一〇数人の団員によって支えられる「冨田人形」共遊団は、週数回の練習を重ねながら、県内外で公演活動を行っている。」（六六頁）のである。[29]

旧びわ町に限らず、長浜市を中心とした湖北地方一帯（もちろん、他の地域においても存在しないわけではありませんが）では、「オコナイ」と呼ばれる初春の古くからの祭礼・一大イヴェントが挙行されます。その際に、北冨田の人たちはまさに阿波の一座から「芝居を買」ったのでしょう。柳田が神島でみた光景が重なるようです。

なお「オコナイ」といっても、耳慣れない人が多いかもしれませんね。一説によると、これは仏教の年頭行事として各宗派各寺院において執り行われる修正会・修二会に付随して行われる地域の祭礼のことです。もちろん柳田もこれについて言及していますが『年中行事覚書』『神道と民俗学』等、中澤成晃氏の『近江の宮座とオコナイ』(岩田書院、一九九五年)が研究書としては秀逸な作品です。中澤氏は湖北地方の県立高等学校長(伊吹高校、虎姫高校)を歴任された研究者でもあります。

さて先に記したように、阿部先生が神島で中学教員だった頃は、すでに祭りで芝居を買うこともなくなっていたようですが、島の古老からそのような話を聞かれるたびに、かつて郷里にも人形浄瑠璃の一座が来訪した経緯とその後の住民の方々との関係性を想起されたことでしょう。

先生が郷里に戻られた後の「冨田人形」との関わりは、直前の拙文の引用部分で簡単ですが、記したとおりです。ただ、これは一五年ほど前に書いたものですし、その後も二〇〇二(平成一四)年の拙著のなかで、「農村に芸術を訪ねる―庶民が守り続けた"観光"資源―」という章を設けて紹介しましたが、さらに少し付記したいと思います。

天保年間に、路銀代わりに人形のカシラや道具を一式置いていった阿波の一座は、これらを再度取りに来ることは結局ありませんでした。そこで、阿部先生の家系が代々これらを継承していくことになり、村の人々が集まっては見よう見まねで人形浄瑠璃の稽古を始めるようになったのが、「冨田人形」の起源です。そして祭礼の際や寺社の行事等で人形浄瑠璃が披露されることになります。そして、一八四四(天保一五)年頃から一八五一(嘉永四)年頃にかけて、大坂から吉田金吾という指導者を招きつつ、村人が主導する形で本格的な活動を展開していくことになります。明治期に入ると、一八七四(明治七)年に滋賀県から興行許可を得る地域芸能団体となり、さらに下りますが、一九五七(昭和三二)年には滋賀県無形民俗文化財に指定されることになります。阿部先生は、幼少のころから村人たちの稽古の様に接し参加し、「先祖たちに負けないように頑張ろう」と励まれたそうです。

まちつむぎや観光の振興において大変大切なこととして、地域に住まう人たちの地域への矜持の醸成ということを考えなければなりませんが、その一端を垣間見ることができるようですね。そのことを、さらに痛切に考えさせられるのが、その後の先生たち冨田地区と人形に関わる人たちの活動と想いではないでしょうか。

阿部先生が神島から郷里の中学校教員に戻られた頃というのは、わが国の高度経済成長期の後半期であり、すでに記しましたが僕が先生の授業を受けた一九七〇（昭和四五）年という年は、その最晩年に向けて走り始めていました。わが国の産業構造・就労形態は大きく変容し、その影響は、長閑な農村田園地帯であるびわ町冨田地区も決して例外ではありませんでした。農村芸術・農民芸能としての「冨田人形」の担い手たちが、多く兼業農家化・サラリーマン化するなかで、互いの休日が合致しないようになり、練習の機会が激減してしまい、「冨田人形」が休眠状態となってしまったのです。

「冨田人形共遊団」その展開

まだ若い、青年教師であった阿部先生をはじめ、冨田地区の若者達は「伝統の灯」を消してはいけないと立ち上がりました。そこで結成されたのが「冨田人形共遊団」（以降、「共遊団」）だったのです。阿部先生が代表となり、二〇代から四〇代までの男女およそ一五人で立ち上げられました。これが、一九七九（昭和五四）年のことです。そして、一九八一（昭和五六）年の滋賀県芸術文化祭において、復活公演が挙行されたのです。その後は、年数回の公演活動を地道に繰り返したことが稔り、一九九一（平成三）年には旧びわ町の「ふうあいのあるまちづくり事業」の成果として、「冨田人形会館」（町立の人形浄瑠璃専用舞台）が創られました。まさに現代において

「農村舞台」[31]が実現した、といえるでしょう。しかも住民の努力に呼応するようにして官がこれを創設したわけです。人形会館の設立に伴い、公演回数も飛躍的に増大し、いわば公演旅行も含めて多い年で年間二五〜三〇回を数えるに至りました。さらに、一九九九（平成一一）年には、びわ町役場と隣接して「町立文化学習センター・リュートプラザ」（現在は、長浜市立）が開館し、三五〇席を有するホールも設置されました。もちろん、人形浄瑠璃専用ホールではないが、船底舞台を備えており、袖舞台右側には太夫と三味線の座が設置できるように設えてあります。現代に出現した「農村舞台」はさらにモダンに進化していったのですね。

最近のデータでは、二〇一二（平成二四）年の場合二二回の公演が行われ、一〇月二一日には国民文化祭・徳島まで遠征するという、まさに里帰り公演となりました。

こうして地元有志によって一九八〇（昭和五五）年前後に始まって、今日に至るまでの「共遊団」の活動のなかで、特筆しておきたいことがあります。それは、地域の人たちによるいわば「公共教育」の大きな成果を得たということ、しかも地元にくらす小学生たちにはもとより、海外の大学生たちにも大きな刺激と影響を与えたということです。ここで「公共教育」と僕がいうのは、「公教育」と峻別したかったからです。そのことについては、後に述べることにしましょう。

「共遊団」はやがて海外からの依頼にも応じて公演を行うようになります。一九九四（平成六）年のニュージーランド公演がその初めでしたが、九六（平成八）年にアメリカ・ケンタッキー州で行った交演時に親交を持った現地学生たちが、なんと翌年に来日し冨田地区にフィールドワークにやってきた達していました。阿部先生たち地元の方々は、嬉しい悲鳴のなか大慌てでホームステイ先を募り彼らに対応し、人形浄瑠璃の手法を伝授したということです。その後も海外公演は北米やドイツ、ニュージーランドなどで開催され、「留学生」も米国に限らずフランスなどからも来訪し国際性を増すなか、今日に至るまでで延べ二〇〇名を超える学生たちが冨田人形の体験と研究に訪れています。

「共遊団」では、こうしたこともまたひとつの刺激となり、伝統的な民俗文化を単に継承・墨守するだけではなく、新たな挑戦を通して地域文化の展開と創造を図るために、最近ではオペラとの協働もその演目のなかで展開しています。

「冨田人形」という土俗的ともいえるアートと、それを支える地域の人々のまちつむぎへの想いや努力、熱情は広がり拡大し欧米大学の若者達もが定期的に来訪し、集落のなかでホームステイをしながら、実際に演じ手としての体験などをも踏まえ、日本の伝統的な地域文化を学ぶに至りました。そしてそのことがきっかけとなって、地域の人たちもまた逆に刺激を受けることで、新たな地域文化創造への動機づけをつくるという好循環が構築されているのです。

ある日の大学院のゼミでこのような話をしたときに、とても興味を持ってくれた学生がいました。しかも、二〇一二年度に博士前期課程を修了する際の修士論文において、「共遊団」と地域の関わり、そしてさらには海外留学生の文化体験と彼らを受け入れた冨田地区のホストファミリーとの関係性などを力強い筆致で描きあげてくれました[32]。

榎本千尋さんといいますが、夏の暑いなかも冬の寒いときも、決して交通至便とはいえないこの地区にフィールドワークに向かい、熱心に聞き取り調査に励んでいたことを思い出します。僕自身も教師としてそれは嬉しいことでしたが、それ以上に阿部先生から、あたかも孫をみるかのように、彼女を厚くかつ熱く「指導」していただいたことの喜びと感慨は大きなものがありました。

漂泊と定住の文化創造

「まちづくり」という言葉が公的に使われるようになって久しくなりました。正確にあるいは正式にいつからだったかなどはいえませんが、一説によると一九六〇年代の前半頃の名古屋市は栄東地区にある、車道商店街における市民活動のなかから生まれたのではないかといわれており、そのことは以前の拙著のなかでも紹介しました[33]。

そしてそのなかで、「普通のまちで、普通の人が、普通のときに」行うことの大切さを強調しました。まさに、柳田によって描きだされた『明治大正史世相篇』的日常営為の大切さをまちづくりにおいては忘れてはならないのです。車道商店街はまさにそれであったわけです。布団店のご主人であった三輪田春男さん（故人）がリーダーとなって積み上げてきた活動のなかから、彼らの発案によって生みだされた言葉が、名古屋市では行政の公的な文書などでも使用されるようになったといわれているのです（僕は最近ではあることをきっかけに「まちつむぎ」という言葉を使うことが増えてきましたが、そのことは追ってさらに語りたいと思います）。

さて僕は、その拙著のなかでさらに「ヨソモノ・バカモノ・スグレモノ・ワカモノ」のまちづくりにおける功徳についても記しました。このことに絡んで、いわゆるオーセンティックな社会科学の論文という文脈だったら書きにくいことかもしれませんが、少し記してみたい興味深い民俗譚があります。民俗学でいう「異郷人欣待」「異人歓待[34]」と呼ばれるものがそれに当たるのではないでしょうか。いわば、漂泊者の来訪と彼らに対する定住者による歓待が、地域を豊かにしていくというストーリーです。柳田だけに限らず、多くの民俗学者や名もなき話者も語り継いできたような話ですが、ここでは柳田の『遠野物語』を考えるヒントにしてみましょう。

座敷童衆（ざしきわらし）という言葉を聞いたことがある人は少なくないと思います。水木しげるさんの一連の作品にも登場するキャラクターかもしれませんが、『遠野物語』において、とても重要な役割を果たしています。旧家の座敷に時として出現し、大切に迎えられてきた守護霊で、こどもの姿をしています。例えば、第一七話をみてみましょう。

旧家にはザシキワラシという神の住たもう家少なからず。この神は多くは十二三ばかりの童児なり。折々人に姿を見することあり。……この神の宿りたまう家は富貴自在なりということなり。(35)

あるいは『遠野物語拾遺』の第一三六話には、以下のようなことが記されています。

遠野の豪家村兵の家の先祖は貧しい人であった。ある時愛宕山の鍋ケ坂という処を通りかかると藪の中から、背負って行け、背負って行けと呼ぶ声がするので、立ち寄って見ると、一体の仏像であったから、背負って来てこれを愛宕山の上に祀った。それからこの家はめきめきと富貴になったと言い伝えている。(36)

一家にとっての異郷人・異人が、その一家を豊かにして幸福に導いていくという民俗譚は、ひとつの地域にとっての異郷人に置き換えても妥当しうるのではないでしょうか。この隠喩はまさに、まちづくり・まちつむぎにおいて「ヨソモノ」の力が地域社会の活性化の一助となりうるということを象徴しています。そしてすでに述べてきましたが、「共遊団」の歴史はそういう意味でも、極めてフォークロア的しかもパブリック・フォークロア的だと思います。江戸天保年間に初めて冨田地区を訪れた阿波国の人形一座は、冨田の人々にとっては異郷人です。そして、現代の「共遊団」に大きな刺激のひとつを与えているのもまた異郷人、しかも国際的な意味でのそれであり、国際交流を通して互いの国の人々に精神的な豊かさをもたらせ続けてきたのですから。いわば、漂泊と定住のインターコミュニケートがもたらせた文化の継承と新たな創造といっても良いでしょう。

現代の一般的な文脈のなかで「異郷人」「異人」という表現や概念を採ることは、必ずしも適切なものではないかもしれませんが、前述にみる『遠野物語』のメタファーを待つまでもなく、民俗学の世界などでは早くから使われてきました。例えば、柳田を監修者として財団法人・民俗学研究所編として編まれた『民俗学辞典』（東京堂出版、一九五一年）には、「異郷人欣待」という項目も存在します。

また「共遊団」の事例のように、江戸天保年間の頃より今日に至るまでの地域史に、フォークロアの視点からも色濃く刻印された事実にとどまらず、極めて現代的な行政が行う地域政策のなかにも、なるほど確かに「異郷人欣待」は象徴的な隠喩だ、と感じてもらえそうなものはありますね。

一例を挙げましょう。二〇〇九（平成二一）年に総務省が「地域おこし協力隊[37]」という制度を創設したのはご存じでしょうか。僕が住む米原市でもその制度を活用して、「水源の里まいばらみらいつくり隊」（以下、「つくり隊」）の結成を二〇一一（平成二三）年四月より二年間を任期に全国に公募しました。米原市のなかでもとりわけ高齢化が進む旧伊吹町内にある姉川上流地域を水源の里と称し、「水源の里まいばら元気みらい条例」を核とした地域政策です。公募の結果、一期隊員として三六人が応募し五人（もちろん、全員Iターンでこの里にやってきました）が選ばれました。市では空き古民家を提供し、ひとり当たり年間一八〇万円の報償金と一四〇万円の活動経費を支給しています。そして現在では、二期隊員として三人が活動しています。なお「水源の里」という呼称は、米原市発のものではないようですが、ほぼ同時期に京都府綾部市などもこの語を使い始め、「限界集落」というネガティブな表現をやめることで、こうした地域に住まう人々にポジティブに、勇気や元気そして誇りを持ってくらしてもらおうとする試みを象徴するものだと思います。

米原市では、対象となる地域の住民による任意団体（東草野まちづくり懇話会、姉川せせらぎ懇話会）との共催で、二〇一三（平成二五）年三月一〇日に、「水源の里まいばらみらいつくり隊活動報告会」を開きました（会場：市立山東幼稚園かもんほーる）。そこでは、一期隊員五人のうち四人が活動報告を行いました。そしておよそ一三〇人の市民がこれに傾聴したのです。

風土が育み、風土を育むまちつむぎ

「つくり隊」の報告会は、想像以上の盛況でした。このときの報告書も作成され、同年四月一一日付で米原市政策調整課・水源の里振興担当より公開されています。

四人の報告者を報告順に紹介しましょう。田仲訓さん（男性）は前住地が大阪、舟橋麻理さん（女性）は京都、早川鉄兵さん（男性）は大阪、そして最後の登壇者の松崎淳さん（男性）は東京からのＩターンでした。田仲さんと舟橋さんは、僕も以前より面識がありその活動ぶりをうかがい知ることもありました。田仲さんの前々住地は千葉県銚子市だったそうです。

それぞれの米原市での活動ぶりについても少し紹介しましょう。実は松崎さんは「つくり隊」を途中退任しましたが、その理由というのはこの年の二月に市議補選に当選したからです。早川さんは、切り絵作家として活躍、地元奥伊吹地区の風光明媚な情景を紹介し続けています。この年の春にも市内の倉敷デニムを中心としたセレクトショップ「ＲＹＵ-Ｓ米原」で個展が開かれていました。[38] また彼の作品は、奥伊吹の主婦のグループが中心となって展開するコミュニティビジネス、甲津原交流センターの売店「麻心」のお土産として販売もされています。

舟橋さんは、奥伊吹スキー場のイヴェント運営に携わりつつ、米原市景観審議会の委員を務めるなど行政との関係性も良好です。

田仲さんは、古民家を活用した no-ho-ho-n tanacafé（のほほんタナカフェ）を開店しました。現在は、土日のみの営業で平日は農作業に従事しつつ、地元の方々との関係性も極めて良好なようで、伊吹産の蕎麦粉やヨモギなど地元素材・食材にこだわったワッフルを提供、また地元産の苺などを使ったジャムなども販売しています。ゆったりとした空間で穏やかな音楽の流れる、とてもくつろげるカフェづくりに努めているようです。僕がこの店を訪れたときに垣間見ることができたのは、直前に記したような地元の方との関係性の良さでした。交通至便とはいえないこの地区に行くには、クルマがなければなかなか困難なのですが、専用駐車場がなく来訪者は姉川沿いに路上駐車することが多いようです。僕は隣家の空きスペースを駐車場と勘違いして置いてしまったところ、そこの主人の男性いわく「いいですよ、自由に置いてごゆっくりしてください」と。

三月一〇日の報告会で舟橋さんは「最初は何者が来たんだという感じで、住民との間での認識のずれ」に苦慮した様子を語っていました。それに対して、市政策調整課の川瀬直亜課長補佐は「何かやってくれるのでは、という住民の大きな期待が隊員の人たちにプレッシャー」を与えたのではという感想を述べています。実際に、二年間という年月はそのプレッシャーや認識のずれをも氷解したようです。田仲さんの活動の様子も、あるいは松崎さんが選挙で当選したという事実もその証左かもしれません。舟橋さんもその後の発言のなかで、二年間の経験が彼女自身にとって大きな財産となったこと、そして「地域のみなさんの支えがあったからこそ活動を続けていくことができた」と述懐しました。

まさに「異郷人欣待」といえそうですが、今後彼らが「つくり隊」という異郷人であることから放たれて、真の住民として定住していくときに（四人ともそれを希望しているといいます）、さらにどれだけ地域の人々とともに協働して、ここでまちをつむいでいけるかということが大切な課題となるでしょう。いわば、風土で育まれた彼らが、さらにこれから風土を育むうえで、さらなる事業展開と新たなる文化創造とともにいかに貢献できるかということです。

そうであることが、フォークロアにとっても単なる好事家の寓話としてではなく、パブリック・フォークロアであるための物語の続きになるはずです。

◇

【コラム①】ファストなカフェのスロウな試み
――スターバックスコーヒー・彦根店にて／琵琶湖と伊吹山をみつめながら――

スターバックスコーヒーといえば、知らない人がいないぐらい著明となったシアトル発のカフェのチェーン店です。わが国の第一号店の開店は、東京・銀座、一九九六（平成八）年八月のことでした。その後、二〇〇〇年代に入ると地方都市への出店が加速化していきます。この頃、ユニクロのフリースがブームを呼び、ファッションのファスト化にも火がつき始めますが、一方で二〇〇一（平成一三）年六月には「スローフード協会日本支部」が名古屋にて設立され、「ファストか、スロウか?」という論議もしばしば展開されていくことになります。

わが国でファストカフェのチェーン化のブームを引き起こしたのは、僕の生活実感のなかでは、ドトールコーヒーではなかったかと記憶していますが、いわば「後発」としてのスターバックスが席巻していくきっかけとなったひとつのキーワードは、「手の届く贅沢」ではなかったでしょうか。ライバル店よりは少し高めの価格設定、そして家具調度品（ソファ席なども配置）をはじめとする店内のインテリアやアクセントとしての絵画とBGMへのこだわりとネーミングも含めた飲食物が有するファッション性。

ある意味で、ファストカフェらしからぬコンセプトが多くの人たちに支持された所以であったのでしょう。ただそれでも、分類上（形態上）ファストカフェであることは否定できません。特に都市部のオフィス街や駅構内にあるような店舗では、否が応にも中での時間はファストに流れていきます。京都市内の店舗でも、パソコン使用や自習を遠慮してほしい旨、小さな「立て看」でフロントカウンターに表示されているのをみかけます。

ただそれでも、スターバックスには接客マニュアル書の類はないと聞いたことがあります。普通はファストフードのチェーン店には必須のアイテムですよね。僕は実はその存否を確認したわけではありませんが、よく利用する彦根店を何気なくみているとそれも納得できそうです。当然のように「立て看」はありません。この店は郊外型店舗で琵琶湖に臨み、滋賀と岐阜の県境にまたがる霊峰・伊吹山を望見することができます。都市部オフィス街の店舗ではないため、その景観とともに早朝の時間帯ではとりわけ時間もゆったりと流れています。「立て看」がないどころか、スタッフの人たちは常連客を中心に会話を楽しみ、しばしば「どうぞごゆっくりとなさってください」と声掛けをしています。そうしたなかで、僕が興味を覚えたのが、およそ三か月に一度のペースで開かれている「キッズ・パーティー」というイヴェントでした。概略をいうと、小さなこどもたちを同伴した母親にもスターバックスを楽しんでもらおう、そしてこどもたちには参画するということで歓んでもらおうということが主旨となっています。そしてそれをサポートするのがスタッフの女性たちです。午前一〇時からおよそ二時間かけて行われます。僕も何度かその光景をみかけましたが、ある日の様子をスケッチしてみましょう［04］。

参加した母親は六人（こどもたちは七人）、その日はひな祭りも近いことがあり、折り紙を使ったお雛さんづくりや絵本の読み聞かせが行われました。保育士よろしく、二人の女性スタッフが大活躍する様はとても好ましく感じることができました。数年前に「公園デビュー」という言葉が流行りましたが、こどもたちが小さくてなかなかスターバックスにもいけない若い母親たちにとっては、恰好

04　スターバックスコーヒー・彦根店の「キッズ・パーティー」

の「スタバデビュー」かもしれませんね。

中心となっていた女性スタッフが語ってくれました。「オフィス街のスタバではできない、それがここの良いところですね」。

蛇足ですが、本文中で記した三島由紀夫の『絹と明察』の舞台となった近江絹糸彦根工場の跡地にこの店は、昔日を忘れたかのように佇んでいます。

◇

❖みんなで考えてみよう①

唱歌「椰子の実」が本文中で登場します。そこで、文化としての歌（唄）の意味や意義について考えてみませんか。特に次の二点を中心に考えましょう。

① 人が生きるうえで、歌（唄）はひとつの大きな動機づけになるのではないでしょうか？

② 歌（唄）が教育という文脈で活用されるときに（必ずしも「教育」に限りませんが）、それは文化政策として両義性を有するものになりうるのではと思いますが、いかがでしょうか？　とりわけ、正と負の文化政策という視点で考えてみてください。

註

（1）ここでいう「ヨコ」とは西欧思想の象徴であり、「ヨコ書き言葉」で記された思想のことです。一方で「タテ」とはいうまでもなく、「タテ書き、日本語、日本思想」です。もちろん、どちらの思想も万遍なく学ぶことができればそれが一番です。しかし比喩的にいえば、明治維新の頃にある啓蒙思想家が求めた「脱亜入欧」的発想をいつまでも引き吊ることは適切ではありません。「舶来上等」に拘泥されることは時として、日本を見失ってしまいます。このことは、グローバル化、ボーダレス化といわれる国際社会のなかにおいてはなお一層重要です。もうひとつ象徴的なこととして、僕の学生時代によく議論されたテーマを例示しておきます。

「明治維新は、どう概念規定されるか」と問われたときに、絶対主義的改革であったと捉えるか、それともブルジョア革命だったと答えるか？　当時は、明治維新は「明治維新」であって、「絶対主義的改革」でも「ブルジョア革命」でもないという視点から、論じることは一種のタブーであったように思います。

なお、1章で紹介したR・A・モースらの著作は、逆に「ヨコ」の人たちが「タテ」を翻案したようなものでは決してありません。

（2）コンテンツ・ツーリズムとかシネマコミッションといった言葉が昨今の文化政策のタームとしてよく使われます。確かに目新しそうな言葉にみえますが、こうした行為自体は何も新しいものではありません。大学生のときに僕が最初に行ったこの旅は、まさにコンテンツ・ツーリズムです。また、神島の島民の人たちが『潮騒』のロケに協力をしたり、あるいは阿部先生が吉永さんと卓球をされたということもまたささやかなシネマコミッションです。余談ですが、実は僕は安易に「コンテンツ」という言葉を多用することが好きではありません。多用することが本当の意味での「文化政策」を損ねているような気がして仕方ないからです。

（3）柳田は、『海上の道』のなかで、次のように述べています。

「途方もなく古い話だが、私は明治三十年の夏、まだ大学の二年生の休みに、三河の伊良湖崎の突端に一月余り遊んで、……（中略）……風のやや強かった次の朝などに、椰子の実の流れ寄っていたのを、三度まで見たことがある」（『柳田國男全集　1』（ちくま文庫版）所収、筑摩書房、一九八九年、二五～二六頁）。

『海上の道』は、柳田の壮大な仮説としての「日本人南方渡来説」を記したものです。このロマンの発端が、明治三一年夏の伊良湖行だったのです（意図したものか記憶違いかはわかりませんが、「明治三十年の夏」ではありません）。

（4）岡谷公二『柳田國男の恋』平凡社、二〇一二年、七頁。

（5）「日本一小さな家」と「地蔵堂の絵馬」について記しておかなければなりません。ともに柳田の最晩年の、いわば生涯を回想したエッセー『故郷七十年』（『柳田國男全集　21』所収、筑摩書房、一九九七年）に記されたエピソードです。

前者については、柳田の生家（兵庫県福崎町辻川に現存）にまつわるものです。男ばかりの八人兄弟の六男として生まれ幼少期をこの生家で過ごした柳田は、父母と長兄（松岡鼎）夫婦とともにこの狭小な家に同居していました。やがて、勝気な母（松岡たけ）と兄嫁との関係性は悪化し、離婚は余儀なきものとなりました。柳田は同上書のなかで「私の家は二夫婦の住めない小さな家だった。……私の家は日本一小さい家だ……この家の小ささ、という運命から、私の民俗学への志も源を発したといってよい」（二四～二五頁、下線は引用者）と述懐しています。

その後長兄は辻川を出て、茨城県利根町布川に移りここで医院を開業します。柳田は一二歳の頃に長兄に引き取られ、この利根川沿いのまちで暮らすことになりました。「地蔵堂の絵馬」というのは、そのころ柳田が見聞したあるエピソードです。「約二年間を過ごした利根川べりの生活で、私の印象に最も強く残っているのは、あの河畔に地蔵堂があり、誰が奉納したものであろうか、堂の正面右手に一枚の彩色された絵馬が掛けてあったことである。その図柄は、産褥の女が鉢巻を締めて生まれたばかりの嬰児を抑えつけているという悲惨なものであった。障子に女その女の影絵が映り、それには角が生えている。その傍に地蔵様が立って泣いているというその意味は、私は子供心に理解し、寒いような心になったことを今も憶えている。……その経験が、私を民俗学の研究に導いた一つの動機ともいえる」（同上書、三七頁、下線は引用者）。

柳田は「間引き」とその鎮魂を象徴するこの絵馬に、当時の農村の貧困と悲惨さに、こども心ながら心を痛めたのでしょう。

（6）その縁があって、長野県の飯田市美術博物館の敷地内には、柳田の喜談書屋が東京世田谷の成城から移築され、「柳田國男館」として今日に姿をとどめています。

（7）宮本常一『私の学んだ人』（『宮本常一著作集　51』）未來社、二〇一二年、一二九頁。

(8)福田アジオ・菅豊・塚原伸治『「二〇世紀民俗学」を乗り越える』岩田書院、二〇一二年、一三七頁。
(9)古家信平「現代民俗学の課題」『現代民俗学研究 1』現代民俗学会、二〇〇九年、三頁。
(10)山下裕作「方法としての民俗学」同上書、八九〜九〇頁。
(11)岩崎竹彦「回想法と民俗学・博物館」岩崎編『福祉のための民俗学—回想法のススメ—』慶友社、二〇〇八年、二九頁。
(12)三島由紀夫「「潮騒」のこと」(『三島由紀夫全集 27』旧版)新潮社、一九七五年、三一〇頁。
(13)オマージュとは、芸術作品(文芸やアート等)をつくりだすときに、尊敬する作家やアーティストとその作品に影響を受けたことで、敬意を表して、あえて類似しているとも思われる作品を創造する行為を指します。パロディーという行為と似ていると思う人もいるかもしれません。しかしパロディーは敬意なくしても成り立ちうる、批判的要素や逆説とアイロニー、時として悪意をもはらむ可能性のある戯作となることもあります。もちろん、必ずしも悪意を必要とするわけではありませんが。喩えていえば、万葉集の本歌取りなどはオマージュでしょうし、幕府の政治を批判する川柳や狂歌はパロディーです。また最近の映画作品を例にとると、現代の名匠・山田洋二監督の『東京家族』(二〇一三年)は、日本映画史上に残る名匠・小津安二郎の『東京物語』(一九五三年)へのオマージュです。ただ、オマージュとパロディーに共通する点があるとすれば、それは新たな文化創造への大きな動機づけとなりうるということではないでしょうか。
(14)三島由紀夫「神島の思ひ出」(『三島由紀夫全集 26』旧版)新潮社、一九七五年、五五一頁。
(15)柳田國男『日本の祭り』角川学芸出版(角川ソフィア文庫)、二〇一三年、一一頁。
(16)三島由紀夫「「潮騒」ロケ随行記」(『三島由紀夫全集 26』旧版)新潮社、一九七五年、四八〇頁。
(17)三島、同上書、四七九頁。
(18)わが国における修学旅行の始まりは、明治期半ば頃というのが定説になっていますが(一八八二年の栃木県立第一中学校、一八八六年の東京高等師範学校等)、第二次世界大戦終戦までは旧制中学校や師範学校、高等女学校、高等商業学校など比較的裕福な家庭の子女がその恩恵を受けていたようです。戦後の学制改革によって、小・中学校(計九年間)の義務教育化によって、宏のように裕福とはいえない家庭のこどもたちも、マスツーリズムという団体で安価な手法を基本にした修学旅行を体験できるようになります。ただ皮肉なことに、「格差社会」ではありませんが、修学旅行の経費が支払えないという理由などから、その是非を問う動きも近年では珍しくなくなっているようです。

（19）三島由紀夫『潮騒』新潮社（新潮文庫改訂版）、二〇〇五年、八六頁。

（20）柳田國男「遊海島記」『柳田國男全集　2』（ちくま文庫版）所収、筑摩書房、一九八九年、六二〇～六二一頁。なお原題となった「伊勢の海」のテクストについては、『柳田國男全集　23』（筑摩書房、二〇〇六年、二二八～二三七頁）に収録されています。

（21）佐伯彰一「解説」、三島由紀夫『潮騒』前掲書所収、二〇七頁。

（22）柳田、前掲書、六二〇頁。

（23）三島、前掲『潮騒』、八〇頁。

（24）三島、同上書、一〇四頁。

（25）谷川健一「文人の文体」『柳田國男全集　2』（月報1）筑摩書房、一九九七年、三頁。

（26）柳田のいう「常民」という概念規定についても、様々な議論が展開されてきました。彼は「民衆」や「大衆」という概念を好まなかったといわれています。「民衆争議」や「大衆団交」を連想させ、あるいは「階級闘争」「百姓一揆」等を想起させてしまうような、いわば「晴（ハレ）」の日ばかりが歴史ではなく、普通の人々が普通にくらす普段の日々である「褻（ケ）」の時空の大切さを求めたのです。この普通の人々、谷川氏がいう「ありふれた日本人」こそが常民（ordinary people）なのです。さらに付記するならば、こうした「ありふれた日本人」の、ありふれた普通のくらしのなかにも歴史のディスクールは存在し、「百姓一揆」の記述以上にそれとは違う意義も意味も見出しうるし、そこに「史心」と「詩心」も溢れているということを伝えたかった柳田は、『明治大正史世相篇』（一九三一（昭和六）年）を著すことになるのですね。

自律した「常民」が地域の、そして一国の主体となることを柳田は願ったのだと思いますし、これこそが彼を政策科学に導いた動機だったのです。柳田が構築しようとした民俗学は、そのための方法論でもあったといって良いでしょう。そこで現代のわが国においても常民が存在するとすれば、まさに「まちづくり」（僕は最近は「まちつむぎ」と呼ぶことを気に入っています）の自律的主体でなければならないのです。

（27）杉本仁『柳田国男と学校教育』梟社、二〇一一年、三九四頁。
（28）映画の好きな方は、二〇一一（平成二三）年七月に公開された『大鹿村騒動記』をご覧になったでしょうか（監督：阪本順治、東映）。主演は原田芳雄さんで彼の遺作となったことでも話題となりました。また名バイプレイヤーの岸部一徳さんが相変わらず絶妙の味を出していました（岸部さんは若い頃、「はじめに」で紹介した瞳みのるさんがいた、グループサウンズ・GSを代表するザ・タイガースのリーダーだった人です）。この『大鹿村騒動記』は、長野県下伊那郡に実在する大鹿村（飯田市に隣接）で三〇〇年近く続いてきた「村芝居」が重要な役割を果たしています。これもまさに、コンテンツ・ツーリズムの対象となり、この年の秋に僕が飯田に行ったときには、土産物屋に「大鹿村騒動記」と銘打った饅頭が販売されており、パッケージには原田さんや岸部さんの写真が踊っていました。
（29）井口貢「新・淡海文化の創造　農村と人形浄瑠璃」『地域同和』（現在は、『じんけん』）第二〇一号、公益財団法人・滋賀県人権センター、一九九八年一月、六三～六四頁。
（30）井口貢編著『観光文化の振興と地域社会』ミネルヴァ書房、二〇〇二年。
（31）江戸時代に至ると、都市にはエンターテインメントの場としての芝居小屋の誕生をみることになりますが、中期になるとそれが農村にも波及し、「農村舞台」と呼ばれる農村娯楽としての公演の場が設置されるようになります。昭和初期に至るまでには、日本全国に一八〇〇弱のそれがあったといわれています（角田一郎編『農村舞台の総合的研究』桜楓社、一九七一年）。中部地方（岐阜・長野・愛知）に相対的に多く存在していたようですが、先に記しました大鹿村はその一例です。
（32）榎本千尋「文化の継承における観光の役割―外国人来訪者との体験型プログラムの実践―」同志社大学大学院総合政策科学研究科修士論文、二〇一三年三月。
（33）井口貢「ブームにしてはいけないまちづくり」井口編著『まちづくりと共感、協育としての観光―地域に学ぶ文化政策―』水曜社、二〇〇七年、一〇～三〇頁。
（34）定住者（コミュニティ内部の人間）が、漂泊者・異人を歓迎歓待することをいいますが、その結果民俗譚では、コミュニティは繁栄に導かれることが多いといいます。
（35）柳田國男『遠野物語』角川書店（角川ソフィア文庫）、二〇一三年、二四～二五頁。

(36) 柳田、同上書、一三九頁。

(37) 総務省は「地域づくり協力隊」創設のために、特別交付税に基づく財政支援を、実施主体となる地方自治体に行います。概略を記しましょう。原則として、三大都市圏内、政令指定都市、三大都市圏外の都市地域居住者が、三大都市圏外のすべての市町村や三大都市圏内でも条件不利地域に住民票を移すことで、その地域に住みこんで「定住」「起業」「就農」等を通して地域協力活動を実施することを求めるものです。隊員ひとり当たり四〇〇万円を上限(報酬費の上限:二〇〇万円、活動費の上限:二〇〇万円)とし、また対応自治体一団体につき募集に係る経費として、二〇〇万円を上限に支給されます。任期期間は一年以上三年、三年を超える場合は特別交付税による支援は受けられなくなりますが、活動継続はもちろん可能です。

(38) これについては、拙著『まちづくり・観光と地域文化の創造』(学文社、二〇〇五年)のなかで紹介したので参照してください(一一九～一二三頁)。とりわけ、このコミュニティビジネスの中心的役割を果たす「甲津原漬物加工部」で頑張る地元主婦層には元気をもらうことができます(代表・山崎トミ子さん)。

Ⅱ部

くらしの流儀と芸術（アーツ）、そしてまちつむぎ

我国の如く交通の緻密な人口の充実した猫が屋根伝いに旅行し得るような国でも地方到る処にそれぞれ特殊なる経済上の条件があって流行や模倣では田舎の行政はできぬ。

柳田國男『時代ト農政』

二百数十藩が解体されたあと、日本に残っていた多様性は、かろうじて都市・田舎の構造だったのだが、今はそれもなくなった。津々浦々の大人たちがいかに愛嬌よくリズム感覚にあふれるようになろうとも、一国・一民族がのっぺら坊になってしまっては子規のいう「一得」もなく、「一失」もない。子規の時代の田舎はどこかにないだろうか。

司馬遼太郎『風塵抄』

西洋では機械の働きが余りに盛で、手仕事の方が衰えてしまいました。……なぜ機械仕事と共に手仕事が必要なのでありましょうか。……凡てを機械に任せてしまうと、第一に国民的な特色あるものが乏しくなってきます。機械は世界のものを共通にしてしまう傾きがあります。……機械はとかく利得のために用いられるので、出来る品物が粗末になりがちであります。それに人間が機械に使われてしまうためか、働く人からとかく悦びを奪ってしまいます。

柳宗悦『手仕事の日本』

我々の遣っている事は内発的ではない、外発的である。是を一言にして云えば現代日本の開化は皮相上滑りの開化である。

我々の考えている民謡は、平民の自ら作り、自ら歌っている歌である。歌ったらよかろうという歌でもなければ、歌わせたいものだという歌でもない。

夏目漱石『現代日本の開化』

柳田國男『民謡の今と昔』

贅沢品や生活の快適さを与えるものは有閑階級に属している。タブーの下では、ある種の食品や、とくにある種の飲料は、細大もらさず高級な階級用に取っておかれるのである。

T・ヴェブレン『有閑階級の理論』

芸術とは、楽しい記号と言ってよいだろう。それに接することがそのまま楽しい経験となるような記号が芸術なのである。

鶴見俊輔『限界芸術論』

4章　芸術（アーツ）とまちつむぎ再考

芸術（アーツ）という文脈と「野《の》」にあるということ

アートあるいはアーツという言葉自体は古くから使われ、ほとんど日本語化した英語かもしれません（諸外国の事例と比較しても、日本という国は他国の言葉、とりわけ単語・短語が邦語化して流布する珍しい国のようで、ある外国人研究者がかなり以前に、わが国のことを称して「多言語空間」と呼んでいたことを思い出します）。

ただ、ほとんど日本語化して使われているが故に、その意図をどう読み解くのかが難しいということもしばしばあります。

「アート（アーツ）を活かしたまちづくり」（以下、「アーツ」に統一します）といったような文言もよく目にするもののひとつですね。当然、artsとは一番に登場する邦語訳は芸術・美術ということになるのでしょう。しかし例えば、研究社から刊行されている初級者向けの『リーダーズ英和辞典』（初版：一九八四年）を開いてみると、芸術・美術以外に実に多様な意が内包されていることがわかります。列挙すると、「技術、技芸、芸、人工、技巧、わざとらしさ、作為、熟練、腕、技術、わざ、術策、奸策、手管……」さらには「学問の科目、《大学の》教養科目、一般教養科目⇒LIBERAL ARTS」といった具合です。

ただそれが、上記したような「アーツを活かしたまちづくり」的文脈で今日流行りのように使用されると、そして使用されればされるほどに、なぜか特殊で限定されたような意味に捕われてしまうと感じるのはなぜなのでしょうか（捕われてしまうのが、僕だけなのかもしれませんが[1]）。言葉尻を捉えるようなことになるかもしれませんが、つい最近たまたま観ていたテレビの情報番組でのことです。ある女性キルト作家の工房と作品が紹介されていました。その見事な作品群に感想を求められた男性コメンテーターは、「これはもはや手芸ではなく、アートですね」と得意げに感想を述べていました。それでは、手芸って何ですか、そしてアートって何ですか？ と問い返してみたくなってしまいました。

換言すれば、妙に「背負《しょ》って、気取ったところ」のあるまちづくり、「〝芸術〟に関心や理解のない人は関わらなくても結構です」と暗に示唆するようなまちづくり、「高級な文化（ハイカルチャー）」的なまちづくり、担い手である一部の〝アーティスト〟たちによる過剰で衒学的かつ顕示的なまちづくりという印象が拭えなくなってしまい、まさに本来まちづくりの主役であるべき、いわば現代に生きる「柳田的常民」から乖離していくように思えてしまうのです。そしてさらに誤解を恐れずにいえば、一部の〝アーティスト〟や一部の（まちづくりを企画する）コンサルタントや（その〝成功〟を優れた事例研究の対象として追認・賞賛し論文化する）研究者の業績や功名のみにまちづくりが帰結してしまう風潮をつくらないようにと願うばかりです。真の意味での「文化政策」の必要性を最初に説いた思想家は、梅棹忠夫ではなかったかと僕は思いますが、彼は「文化政策をめぐる四つの誤解」についての問題提起を行っています。そのうちのひとつに「文化というものは、一部の高級文化人の仕事であって、国民大衆とはかけ離れたものであるという誤解」という指摘をしています。当たり前といえば当たり前のことなのでしょうが、当たり前を当たり前と気付かないことは、われわれにとってありがちなことです[2]。

少し話がずれてしまうかもしれませんが、作家の五木寛之氏が「美空ひばりは日本人の恥だ」と語ったある高名な歴史家の逸話を紹介していますが[3]、そこからさらに何か連想できるような気がしませんか。歴史家の名前も五木氏は記していますが、僕はあえて紹介しないことにします。ただひとつのヒントをいえば、わが国の明治維新史研究の泰斗だった人で、講座派(4)を代表する論客でした。僕たちの学生時代にこの手の研究をしようとするゼミでは、彼の著作は必読文献でした。

さて直前に「柳田的常民」という表現をとりましたが、そのことと絡みつつ、最近読んだある本のなかで興味深い記述に出会いましたので、紹介してみましょう。著者は、フランス思想などを研究する前田英樹氏です。

「常民」の根底には、労働を唄とした稲作民の暮らしがあること、そのことを忘れれば「常民」は、ただの学者風な観念になる。民謡とは、唄となった労働であり、労働をそのように作り上げたのは、一体いつからあるとも知れない稲作民の祭の暮らしではないか。これが、柳田の〈常民の学〉としての民俗学を可能にさせた一番深い直観である。(5)

さらにこの記述を連想させる、民俗学者の菅豊氏の論点を併せ紹介します。二〇一一(平成二三)年三月一一日に起こった東日本大震災以降、多くの研究者や専門家それに類する人たちがフィールドワークのために数々の被災地を来訪した様子をみつめたうえでの菅氏の感慨です。

そのような人びと(研究者、専門家など：引用者註)のための知識生産と社会実践に紛れながら、復興の名の下に震災に見舞われた人びとを利用し、それをみずからの研究の利得としている研究者や専門家たちが、そこには間違いなくいたはずである。……このような新しい知識生産や社会実践は発展するにしたがい、一方でときに定型化し、あるいは規範化し、マニュアル化し、汎用化し、手段化し、その手法の適用自体を目的とする

「大文字の学知」として、専門学問や政治に利用され始めている。さらにそれらは教条化して、本来あるべき「野」から乖離しまたもやアカデミズムに回収されるという問題にも、今や直面しているのである。[6]

前田氏と菅氏の引用を通して理解してほしい「柳田的常民」とは、生活のための思想としての「常民の学」であり、「大文字の学知」を時として凌駕しうる、まさに柳田がいうところの「目に一丁字無き」人々の思想なのです。これを「野《の》の学問」と呼んでもいいでしょう。

菅氏はさらに次のような、とても大切なことを述べています。

> 地域に生きる人びとを「見つめてきた」研究者や専門家が、研究姿勢や行為を含めた自己を「見つめ直す」。さらに、研究者や専門家たちによって研究対象として「見つめられてきた」人びとが覚醒し、研究者や専門家たちの姿勢や行為を「見つめ返す」。このような双方向的で再帰的な関係性を普通のものとして理解する。その上で「見つめる」／「見つめられる」という関係に固定されがちであった両者が、現代社会においてその関係性を超克しながら、新しい学知の場を創造し、そこで協働的な新しい知識生産や社会実践に挑戦するための、種々のアイディアやエッセンスを提示すること……[7]

少し迂遠になってしまったかもしれませんが、まちづくりという文脈のなかで、「アーツを活か」そうとするときに、心にとどめておくべきことの一端を語ったつもりです。

そしてさらにそれらを含め忘れてはいけないことは、「ひとりの人」も「アーツ」も「まちづくり」も「文化」もその究極において、「目的」としなければならないということ、換言すれば、それらを「手段」としてはならないということではないでしょうか。

あるひとりの人を手段にして生きていく、アーツを手段にしてまちづくりを行う、文化を手段にしてお金儲けをする……これらは普通にあることですが、どうもそこにはまちづくりに対しての純粋な誠意を感じることができません。

作為的・打算的になり、修辞的で過剰なまでの装飾を施すのではなく、僕たちの身体や心性が無為自然に感じることができる「用の美」、これを求めることこそがアーツの本質ではないでしょうか。そしてそのことは、まちづくりや文化にも通じることであるに違いありません（ゆえに、「まちづくり」よりも「まちつむぎ」という言葉を使用したくなるのですが、その点も追って「用の美」とともに考えていきたいと思います）。

「やはり野に置け蓮華草」という古い諺をここに掲げながら、節を改めることにしましょう。

まちづくりからまちつむぎへ

「まちづくり」という言葉が人口に膾炙してずいぶん久しくなります。あくまでもひとつの説ですが、「まちづくり」という言葉が普通に使われるようになった大きなきっかけのひとつになったのは、一九六〇年代前半の名古屋市における栄東地区の土地区画整理事業においてではなかったかといわれています。そのことについては、すでに3章「漂泊と定住の文化創造」の節において触れましたが、簡単に復唱しておきましょう。

時あたかも、アジアで最初のオリンピック開催となった東京五輪（一九六四年）前夜のことでした。世を挙げてスクラップ・アンド・ビルドの槌音が響いていました。名古屋市のこの事業においては、栄東地区の車道商店街の住民が、スラム化・インナーシティ化を懸念するなか、まちの将来を考えるための議論に積極的に参加し、リーダー格であった布団店主の三輪田春男さん（故人）の周辺から「町づくり」（当時は、この漢字を使用）という言葉がしばしば使用されていたといいます。それがやがて、名古屋市も行政用語として使用し始めたとのことです。それが事実であるとしたら、市民の運動と活動のなかから生まれ親しまれ定着したことになり、とても興味深いものを感じます。まさに「野《の》」から生まれた言葉ですね。そして彼らはまさに、大都市の中心部分で周縁化する自らのくらしに「用の美」（これについては、次節でお話ししましょう）を求めたのではないかと思います。

さて「町づくり」ですが、その後「街づくり」という漢字が充てられるようになり、やがて平仮名で「まちづくり」と表記されることが多くなりました。まちづくり、という営為は多義にわたり、喩えていえば学際的であり業際的であり、官民学市民がともに連携協働してなされなければならず、ハード・ソフト・ヒューマンという三つのウェアの均衡と調和のある成長が実践、実現されねばならないものです。その観点からいえば、漢字表記はどうしても意味を一定限度制約してしまうものですから、「町」でも「街」でもなく「まち」がベターであることはいうまでもありません（ひとつの喩えですが「（髪の）匂い」と「（髪の）臭い」の表記では、同じ発音でもまったく意味合いは異なってきます）。

しかし二〇〇九（平成二一）年の五月が終わる頃のことです。ある時、僕のゼミの学生の一部から「まちづくり」という言葉に違和感を覚えるグループが出てきました。そのことに僕はとても興味深いものを感じて、その議論に加わりました。ことの発端は、ゼミのフィールドワーク途上の長野県飯田市においてのことでした。別の拙著のなかでも詳しく記述したつもりですので[8]、併せそちらもお読みいただければと思いますが、それを補足あるいは追記する形で記します。

まちつむぎという日常美の大切さ、あるいは「用の美」

それでは、学生たちが覚えた違和感とは何だったのでしょうか。前述したように、二〇〇九年の五月に僕たちのゼミでは、数日間飯田市にてフィールドワークを行いました。学生は総勢四二名（三回生は二九名全員、四回生と院生は有志のみとし一三名）という大所帯でしたが、それにもまして飯田市民の方々からの指導や協力が大きく、班毎に分かれて行ったフィールドワークにも水先案内人として同伴いただき、その後の成果報告や全体討議等にも参加いただきました[9]。

まさにそのときのフィールドワーク後の全体討議のなかで生まれたのが「まちづくり」という言葉に対する違和感だったのです。しかしそれは、まずはたったひとりの違和感から始まりました。固有名詞を挙げていいかどうかわかりませんが、当時の三回生副ゼミ長だった渡辺《わたなべ》美葵《みき》さんの何気ない一言が発端となりました[10]。

「飯田をフィールドワークして思ったのですが、〝まちづくり〟というよりもこれは〝まちつむぎ〟と呼んだ方がいいのではないでしょうか」と。

渡辺さんによるいわば〝問題提起〟をベースに、僕たちは市民の方々とともに一定の議論をしました。活発に展開されたそのなかで、基本的には「まちづくりよりまちつむぎ」という言葉の方が、より一層その行為の意味や真意を捉えているということについて、異論は出ませんでした。桑原利彦さんたち市民グループは、この言葉に強い共感を覚えて、早速その二か月後の七月二二日に、彼の運営するライブハウス「キャンバス」を会場にトークサロン「第一回キャンバセッション　〝まちつむぎ〟の夕べ」を開催していただきました。七月二四日には地元紙「南信州新聞」でもそのことが大きく報道されました。

あれから五年近くたちましたが、僕はこの「まちつむぎ」という言葉の意味を自分自身のなかでも反芻しながら、随所で使用してきました。あのときの議論を示唆に、今一度自分なりにその言葉の意味を、記憶を辿りつつ、箇条書きで再整理してみたいと思います。

①「まちづくり」という言葉は、何かを創りだそうとする非日常性をも重視したイメージが強いのではないでしょうか。

②そもそも、歴史のなかでつむがれてきた日常性の蓄積が何にもまして重要で大きなベースになっているはずです（少し難しい言葉を使うと、文化資源の常在性を重視しなければならない、ということです）。

③主体として、そのまちに住まうすべての人々が職業や立場、性別や年齢を超えて、何らかの形で意見をいい、参画寄与しなければならないのではないでしょうか。換言すれば、「行政が執り行う」「コンサルタントに企画してもらう」「NPO等の意識の高そうな市民団体が推進する」……ではなくということです。

④すなわち、あたかも一枚のタペストリー画のように、多様な色の糸を通して、タテ糸とヨコ糸が交わりあうことでひとつの絵が浮かび上がるように、時間と空間と人々の想いなどをフィルターにした、通時的かつ共時的に重層性を持った関係性が共鳴しあうことで、まちは本来の理想とすべき有機的なコミュニティとなるのではないでしょうか。

⑤以上の点を踏まえつつまとめるとすれば、こうした時間と空間と人との重層性が有機的につながることで、そしてそのつながりを基調にまちはつむがれ、人はまちにつむがれ、またまちも人によってさらにつむがれることで、地域文化は継承され、そこから新たな創造の段階へとさらにつむがれていくのではないでしょうか……。

⑥ まちはつくられるのではなく、様々なつながりによってつむがれていくのではないか……、これが「まちつむぎ」という言葉を、ゼミ生皆で生みだしたのだと思っています。

ところで、飯田市の特産品のひとつに「水引き」があります。これは、人の手技《てわざ》によってつむがれた「用の美」のひとつの象徴といっていいでしょう。まちもまた、喩えていうと「人の手技（いろいろな意味での）」によってつむがれた「用の美」でなければいけないと思います。

「水引き」といっても、ピンとこない若い世代の人もなかにはいるかもしれませんが、慶事や贈答品にしばしば使用される紅白の……といえばすぐにお判りになるかと思います。江戸時代にこれが一般化していったといわれていますが、その発祥が飯田であったということです。和紙の生産が盛んなこのまちで飯田藩主肝いりの命によって、実用のためにつくられることになった手工芸品です。まさに職人がひとつひとつ、創意と工夫のなかでつむいできたものです。

その後大正年間のはじめに（一九一六年頃）、金沢で津田左右吉という人がこの手法をブラッシュアップさせ、「加賀水引き」として広く世に知られ普及していくことになります。祝い事で使用するため、例えば松竹梅や鶴と亀を模した豪華で立体的な水引きもあり、これなどはまさに芸術的な作品といってもよいかもしれませんが、しかし基本は実用として供されるものです。時空を超えて、ひとつの手工芸品が飯田と金沢を結んだという史実はとても興味深いですし、その飯田の地で知を結んだゼミ生たちが、「まちつむぎ」と唱えたことは、さらに一層興味深く感じた事実でした。

余談ですが、「哲学（philosophy）」の語源は、「はじめに」で記したように、「知を愛する心、愛知心」ですが、地域の哲学は「地の知を愛すること」でなければなりませんね。まちづくり、すなわちまちつむぎとは、「地

（域）と知（恵）を愛すること」で育まれるのです。そして、地と知はハード・ソフト・ヒューマンの円滑で相乗効果をもたらす関係性によって育まれ、さらに「異なる地と地」のより良き関係性の充実が、互いにその「地と知」をブラッシュアップさせていきます。

さて、「用の美」とはどういう意味か？　もういうまでもありませんね。文化経済学や文化政策の考え方に大きな示唆を与えたイギリスの工芸家のW・モリス（一八三四〜一九三八）が、その生涯の活動を通して唱え続けた「生活の芸術化」に通底する「くらし（ライフスタイル）の流儀」といってもよいのではないでしょうか。あるいはわが国でいうならば、柳宗悦（一八八九〜一九六一）や河合寛次郎（一八九〇〜一九六六）の民藝の思想も考えるヒントになるでしょう。

くらし（ライフスタイル）の流儀と生活の芸術化

ここまでの話を、〝くらしの流儀〟を中心にして少しまとめてみましょう。

こころ豊かに、そしてより良く生きるということは人が等しく希求していることに違いありません。そのためには、地域にくらす人たちが主体性を持ってその地域社会のなかで生きているのだという強い意志に裏打ちされる必要性があると思います。ここまで、文化政策という言葉も何度か使ってきましたが、あえていうならば健全な「正の文化政策」とは何かを、市民一人ひとりが主体的にみつめ、実践していかなければなりません。

そこで正と負とは何かという問題に突き当たります。文化とは時として相対性を伴い両義的な要素を多分にはらんでいます（しかし、優劣をつけてはいけないということはしっかりと理解しておいてください）。

「負の文化政策」とは、喩えていうと戦前に展開されたナチスの一連の政策やわが国の天皇制絶対主義に基づいた諸政策にみられるような、権力による文化統制などはそれに当たりますね。

ナチスといえば、実は今この原稿を書いているときに（二〇一三年の八月初頭）、わが国の改憲議論を巡り副総理による「ナチス発言」に関連し、彼が釈明と発言撤回をしたことが大きな話題となりました。みなさんも記憶に新しいかと思います。

「ワイマール憲法が、ある日気付いたらナチス憲法に変わっていた」という論議はさておき、ヒトラーはその政策の一環として、テレヴィジョンの普及やフォルクスワーゲンの開発に力を注いだことはよく知られています。その後に結果としてみたときに今日のわれわれの生活に大きな、そして良き影響を与えたことも否定できないのではないか、という人ももちろんたくさんいます。テレビも大衆車も確かに両義的ですが、したがって僕たちに良い成果も確かに与えてくれています（もちろん、悪い影響も……）。

ただここで確認しておかなければならないことは、ヒトラーはおそらく人々の幸福の実現を目的としてこれらを開発しようとしたのではなく、ナチスのファッショ政策実現のための手段、ツールとして活用したということです。

このことを敷衍していえば、文化とは一部権力者のための手段であってはならず、人々の（まさに、柳田的常民のための）目的に限りなく近づかなければならないということです。「一部権力者」といういい方をしましたが、その意味は広く捉えてください。例えば今日のわが国の地域活性化を推進するうえにおいても、しばしば「文化」が標榜されていますが（以前よく「文化によるまちづくり」という言葉が多用されていましたね）、それが一部のNPOや諸団体のためだけの手段（極論すれば自己満足）と化している場面が、時として稀にあるかもしれません。行政等からの補助金がこれに絡んでくるとさらに厄介ですね。今流行りの「ゆるキャラ」や「B級グルメ」のブームのなかにもそのような事例はありませんか。「アーツによるまちづくり」もしかりではないでしょうか。

しかしあえていうならば、主体的に生きることを通して、あるひとつの文化政策が正であるか負であるかということを見極めることができるのではないでしょうか。換言すれば、正か負かを見極めるためにも、僕たちは主体的に生きなければならないということです。

文化政策の導きの糸、知の枠組みのひとつとして捉えられているのが「文化経済学」でしょう。この学問の源流を成すのは、直前に記したW・モリスとその盟友で社会改良家として活躍し芸術経済学を唱えたJ・ラスキン（一八一九～一九〇〇）の思想です。彼らは、イギリスにおいて産業革命を契機に社会のシステムの大きなひとつとなった大量生産大量消費による弊を憂いました。単純な機械的労働が人々の生き甲斐や創造力を剥奪しているに違いないと考えたわけです。その結果としてつくりだされる工業製品は安価ではあるが個性を押し殺したそれとならざるをえず、粗悪品も少なくなく、ほどなく使い捨てられる運命をたどっていくものでした。大量生産大量消費がその背後に大量廃棄を伴うように、現代のファストな社会状況と酷似している部分があるかもしれませんね。

決して他人から強要されずに、創造的で自由かつ自律的な社会活動こそが、人間性を高め回復し、本来の掛け替えのない価値を創出していくのだということを、ラスキンとモリスは伝えようとしたのでしょう。これを彼らは「固有価値」という視点で捉えました。

従来の経済学の価値論のなかに存在した「労働価値」や「剰余価値」、あるいは「交換価値」「使用価値」等を補う新たな考え方であったといって良いでしょう。そして、この固有価値を認め評価することのできる姿勢、すなわち豊かな享受能力を子どもたちの世代からしっかりと養っていかなければならないのです。すでに、Ⅰ部で述べた「詩心・史心・誌心」という三つの心を涵養することは、まさにそのことにつながるものであると僕は確信しています。

モリスが主張した「生活の芸術化」とは、人々がこうした享受能力を高めるために必要な「くらし（ライフスタイル）の流儀」あるいは「生き方の流儀」といって良いのではないでしょうか。しかもそれは、一朝一夕、付け焼刃で身に付くものではなく、くらしのなかでの試行錯誤、経営学の世界でいう概念に喩えていうと、人生のＯＪＴ（オンザジョブトレイニング）を通して涵養されていくのでしょう（ＯＪＴという表現が、あまり良い喩えかどうかはわかりませんが）。

したがってこの発想は、身の周りを、著名な芸術家の手による高価な芸術品で囲み技巧的・作為的にくらすことを勧めるものでは決してないのです。アメリカの制度主義経済学派の旗手であったといってよいＴ・ヴェブレン（一八五七～一九二九）が、批判的に指摘したような「顕示的消費」[11]となってしまうことは、「生活の芸術化」にとって決して本意ではないのです。

一方で大量生産による画一的で安価な工業製品と対極をなすような、名もなき職人がつくった生活雑器に対しても、そこにふたつとない固有価値を認め、愛着を持って使い続けていくことがくらしの知恵を生み、より良き生活、永続性のある生活へのヒントを導きだすのではないでしょうか。

すでにその名を挙げた柳宗悦が提唱した「民藝運動」は、無名の職人の手仕事の美しさに価値を認め、常民のための器である「下手《げて》」に光を当てました（常民といいましたが、実は同時代人として生きながら、柳田とは生涯向き合うことはなかったといわれています）。彼の思想は、日常の美に感動する心、複合の美を平和思想にまで高め、差異を認めながら共感する心の大切さを教えてくれています。確かに、柳田とは向き合うことはなかったかもしれませんが、史心や詩心を持つことの大切さを問い続けたことは通底し、また「生活の芸術化」にもつながる考え方ですね。

用の美を大切にしたくらしの流儀、生活の芸術化は、狭義のアーツとは別の芸術性を持ったものです。そして

「まちつむぎ」という行為においても、それは単なる援用を超えてひとつの大きな要諦としなければならないものではないかと思います。

ちなみに柳は、「民藝」について次のようにいいます。「字義的には民衆的工藝の謂《いい》なのです。いわば貴族的な工藝美術と相対するものです。一般の民衆が日常使う用器が民藝品なのです[12]」。

僕たちが大切にしなければならない文化とは、俗にいう高文化（ハイカルチャー）だけではないということを、この言説からも読み取ってください。とりわけ、日常の基層にある生活文化こそが、日々の何気ないくらしのなかで実は大きな意味を持っていることを忘れてはならないのです。

そしてさらに付記しておきたいことがあります。柳のいう「下手」の思想に通底するテーマになるかもしれません。それは、アール・ブリュット（Art Brut）という発想です。

フランスの画家ジャン・デュビュッフェ（一九〇一～一九八五）が一九四五年に考案した言葉といわれており、直訳すれば「生《き》のままの芸術」ということになります。僕の住む滋賀県では、総合政策部「美の滋賀」発信推進室がこの発信や実践に力を入れています。二〇一一（平成二三）年に当推進室が発行したリーフレット「アール・ブリュット　美の滋賀　人間の本質にせまるアート」の冒頭では、「……それまでの美術や教育の流れからはみ出した、美術的なスタイルからは何の影響も受けていない、全く個人的かつ独創的な方法でつくられた絵画や造形のことをいいます」と記し、さらには「裸の大将」でドラマ化を通して一躍有名となった山下清の創作を再評価しつつ、実は日本でも今より遥か以前にそうした実践例があったことを伝えています。

ジャン・デュビュッフェは、知的障害者の創作活動を念頭に福祉と芸術を結び付けることをひとつのミッションとしたようですが、現在では障害の有無にかかわらず、専門的に美術教育を受けてはいない人たちが、内面から湧き出た衝動を具象化した結果が作品となっているとして評価する考え方が一般的となっているようです。現れた作品は、まさに「下手」を体現するものでしょう。さらには先に記しましたが、柳田國男が民衆芸能としての民謡（これは、無形のものであり造形ではありませんが）に抱いた感慨も、なにか通じるところがあると思いませんか。Ⅱ部扉で引用した柳田の『民謡の今と昔』を今一度参照してください。「我々の考えている民謡は、平民の自ら作り、自ら歌っている歌である。歌ったらよかろうという歌でもなければ、歌わせたいものだという歌でもない[13]」。

また本章の冒頭に引用した前田英樹氏の指摘、「民謡とは、唄となった労働」と、さらに柳田が上掲書で感慨を語る「ミンヨウとは何だと眼を円くする[14]」農民たち……とも併せ考えてみてください。作為的でない、そして生活のなかから生まれた純粋な経験としての芸術（アーツ）が、僕たち普通の人間にこそ必要であると思いませんか。

さらに興味深いことに、モリスが次のようにいいます。少し長くなりますが引用します。

芸術の創造と、その結果である作品における快楽とは、絵画とか塑像とかいった芸術品の製作のなかだけにあるのではなく、いろいろな形式の労働の一部をなしているのであり、また当然そうでなければならない、といったことも理解していただかなければならない。かくして精力的な気分の要求も満足されるのだ。ゆえに芸術の目的は、人々に彼らの暇な時間をまぎらし、休息にさえあきることのないようにするために美と興味ある事件とをあたえることによって、また仕事をする際には希望と肉体的な快楽とをあたえることによって、人々に幸福感を味あわせることにある。要するに人びとの労働を楽しく、休息を豊かにすることにある。したがって、真の芸術は人類にとって純粋な祝福なのである[15]。

さらに荒唐無稽に援用しますが、わが国の近代哲学思想を代表する西田幾多郎（一八七〇～一九四五）がいう認識論である「純粋経験」という捉え方をも連想させられます[16]。

しかし西田哲学と現代を、芸術を足がかりにしてつなぐ思想も確かにあります。それについては、鶴見俊輔氏の『限界芸術論』（筑摩書房、ちくま学芸文庫版、一九九九年）を参照すると良いでしょう。アール・ブリュットについて考えるうえでも示唆に富むものです。

◇

以下は、閑話休題としましょう。

05　& Anne

二〇一一（平成二三）年にアメリカ北西部のオレゴン州ポートランドで、"KINFOLK"という雑誌が創刊され、そしてそのおよそ二年後に日本版も創刊されました（季刊誌、ネコ・パブリッシング社）。もともとkinfolkという言葉は、「親戚、親類、親しいもの」といった意です。日本版によると、「飾らない日々の生活ほど贅沢なものはないと、価値観をリセットしてくれるKinfolk。キーワードは〝小さな集い〟。」「私たちが考える、人を楽しませるということのありかた。シンプル、正直で自然体。Kinfolkは、良質なアートやデザイン、そして家族や友人と時間をともにするという心がひとつになったざっしです。」というメッセージが付記されています（二〇一三年六月号）。

この雑誌のコンセプトもまた、用の美や生活の芸術化を考えるうえでのひとつのヒントになりそうです。そんなことを思っていたときに、僕のくらすまちにほど近い彦根の老舗製菓店（大菅製菓）がプロデュースした“& Anne”（アンドアン）というセレクトショップをみつけました。オープンしたのは、二〇一三（平成二五）年のことです[05]。

店内は三つのコーナーに分かれ（書店・洋菓子店・ギャラリー）、文具や生活雑貨、くらしに関した書籍（柳宗悦の著書も置いてありました）や絵本、決して高価ではないけれどしかし廉価でもない、上品な外観と味わいの洋菓子、珈琲豆やハーブティーなどが扱われています。いずれも、シンプルであるけれど長く愛着を持って使えそうなもの、使い込んでいくことで愛着が増していきそうなものが数多く置かれています。書籍や絵本も同様で、一過性のような超ベストセラーではなく、地味でも長く人生を楽しむ本好きの人に愛されそうなものがたくさん並んでいます。

まちの中心にありながら、地方小都市のご多分にもれないシャッター通りの商店街の一角に、まさにkinfolkを感じさせてくれる小さなショップに嬉しくなりました。そしてこれは大げさな物言いになりますが、こうしたセレクトショップを生みだしたのも、井伊家彦根藩以来の「彦根のエートス」の、実は本当のひとつの姿ではないかと思いました。幕末の大老、井伊直弼（一八一五〜一八六〇）の茶の湯の思想や一期一会の精神に象徴されるように、表層的に追いかけるのではなく、本物を追求する心根は彦根の真骨頂であるのですが、実は昨今のまちつむぎでは、それを表現する場が少なかったように思っていたので、快哉な気分に出会ったようでした。

彦根とセレクトショップがらみで、もうひとつお話を挿入しましょう。今度はアール・ブリュットを少し絡めながら。一九七三（昭和四八）年、僕が城下の高校に通って三年目の年に学校と国鉄・彦根駅（現、JR彦根駅）の真ん中あたりの場所に（京町交差点）、小さなジーンズショップが生まれました。「生《き》のまま」という意を持つその店の名は「BORN FREE（ボーンフリー）」といいます。昭和四八年といえば僕の記憶では、石津謙介が昭和三〇年代後半にＶＡＮ（ヴァンジャケット）という衣料品メーカーを立ち上げて引き起こしたＩＶＹ《アイビー》ブームが、二度目の旋風を引き起こした頃でした。彦根銀座にはさすがに東京銀座のみゆき通りのような「みゆき族」は出現しませんでしたが、高校生や大学生たちがその彦根銀座にもあったＶＡＮショップに、なけなしの小遣いをはたいてボタンダウンのシャツを買いに赴いたものです。そしてこの小さなまちにも、ジーンズで闊歩する若者達も急増していきます。僕の通っていた学校は比較的自由な校風だったので、「白のボタンダウンシャツにブラックジーンズ」などまったく咎められることもなかったです。

さてその後この店は、四〇年たった今、滋賀県下に一二店舗を有し、岐阜県大垣市にも二店舗を出店するまでに大きくなりました（創業者で現代表取締役社長は、堀江明廣さん。そして堀江さんのパートナーとして創業以来支えてきた現専務取締役の望月房男さん。小さな個人商店が株式会社となって、滋賀県の優良企業のひとつにまで発展していったのは、このふたりの良きパートナーシップも理由のひとつなのではないでしょうか。望月さんが回想していますが、開店当初は朝から晩まで客ゼロ！　の日もあったそうです。だからこそ、一人ひとりのお客さんを大切にしたいという想いが強かったとのことです）。現在おそらく最も核となっている店舗は、彦根市戸賀町にある「ボーンフリー・メガストア」だと思います。ジーンズライフを提案し続けて四〇年、メガストアはカフェも併設し、最近ではライフスタイルを提案する書籍まで扱う彦根っこ御用達のセレクトショップです。書籍コーナーではもちろん、“KINFOLK”もしっかり置かれています。さてこのメガストアの店長の尾田洋さんは京都の美大を出た人で、アーツにも造詣が深い。そこで彼は、竜王町（滋賀県）にある障害者のための授産施設である「やまびこ作業所」

06　ボーンフリー・メガストアと「やまびこ作業所」の作品

談論風発

彦根の忠義

安政7（1860）年、江戸城桜田門外で水戸藩、薩摩の脱藩浪士が彦根藩の行列を襲撃し、大老・井伊直弼を暗殺した桜田門外の変。季節外れの大雪で視界が悪く、江戸時代に大名かごが襲われた前例がなかったため護衛も手薄だったと伝えられている。幕末を揺るがしたこの騒乱が3月3日（旧暦）に起きたことはあまり知られていない。

3月3日は桃の節句。女児のいる家では成長を祈ってひな人形を飾りお祝いをするのが習わしだが、彦根にとっては大老が非業の死を遂げた日。慶事は控えなくてはならなかった。彦根城博物館がかつて、彦根で江戸末期から太平洋戦争中までのひな人形を調査したところ、武家の子孫の家からは人形がほとんど出てこなかったという。明治維新後、彦根に残った旧武士の一部の家では今でも祭りを控えているとも聞いた。

時代は変わっても、主君に忠義を尽くす武士の気風が今なお脈々と生きているとは驚きで、譜代筆頭の気高さと誇りを感じる。

彦根は経済人から市民まで「折り目正しい」人が多い。これも彦根藩時代の名残だろうか。国宝・彦根城は大隈重信が明治天皇に進言し、取り壊しを逃れたという文献がある。明治天皇も彦根藩士の忠義や町衆の城保存を切望する声に胸を打たれたのかもしれない。ひこにゃんとの出会いも楽しいが、武家の忠義の風土に思いをはせるのも悪くなかろう。

（滋賀本社代表兼編集局長　上野孝司）

「京都新聞」2013年2月14日（朝刊）。

と連携して、彼らがつくった陶磁器や手工芸品をメガストアに置くことにしました［06］。僕もいくつか購入しましたが、アール・ブリュットと用の美を感じさせてくれる逸品揃いと、個人的には感じています。

さてエートスといえば、ドイツの社会学者M・ウェーバー（一八六四〜一九二〇）がその名著『プロテスタンティズムの倫理と資本主義の精神』（大塚久雄訳の岩波文庫版（一九八九年）が最も入手しやすい）における その指摘はあまりにも有名です。乱暴ですがあえて一言でいってしまうと、勤勉で実直なプロテスタントの人たちが活躍した西欧世界にこそ近代資本主義の発生と発展があった、換言すれば西欧近代の資本主義成立の原動力は、プロテスタントたちの精神の類型（エートス）に起因しているというのです。

僕はプロテスタントたちが活躍した西欧世界をヒントにして考えたとき、日本の小さな地方都市にも大きなエートス（精神の類型としての住民性）が存在していると考えています。彦根と隣り合うようにして存在する長浜を考えたときにも、ふたつのまちにはともに幕藩体制期において は井伊藩のまちであったにもかかわらず、官僚都市と商業都市という差異に起因するエートスの違いが、四〇〇年以上にわたって現在も存在し続けていると確信します（これに類似するものとして、金沢―高岡の「比較都市論」も興味深いですね）。

さらに併せ、本書Ⅱ部の扉部分で引用した司馬遼太郎の『風塵抄』の一節も示唆に富んでいます。なお、さらなる付記となりますが、日本の近世の商業発展に大きく寄与した近江商人の活躍について、神道・仏教・儒教が混然一体となった彼らの厚い信仰心が原動力となったという指摘もありますが、これも経済の発展と文化との連関性を考えるうえで、非常に興味深いひとつのエートス論だと思います。近江商人の研究の嚆矢として知られた江頭恒治の名著『近江商人中井家の研究』（復刻版・雄山閣、一九九四年）は、これに関わる必読文献です。

なお「彦根のエートス」を考えるうえで参考となる新聞記事があります。二〇一三（平成二五）年二月一四日付の京都新聞「オピニオン・解説欄」の「談論風発」というコラムとして「彦根の忠義」と表して記されたものです。もちろん署名記事です（滋賀本社代表兼編集局長の上野孝司氏）。あえてそのまま転載したいと思いますので、味読してください。

「ひこにゃん」自体は、井伊家二代目藩主・直孝に関わる都市伝説にちなむものがあるとはいえ、ゆるキャラブームのなか、本来は個性的であったはずの全国の地方都市が、実は「一得」も「一失」もない「のっぺら坊」と堕さないためにも……。

5章　用の美と固有価値から考えるくらしのなかの芸術性

くらしのなかの芸術性

「人が美しいものをつくろうとするのではない。ただつくっているうちに美しいものができる[17]」といった人がいます。柳宗悦の研究者でもある松井健氏です。ある意味、名言ですね。おそらく、画一化されライン化された大量生産品ではこのような美は顕れにくいでしょう。たとえ安くて機能的であったとしても。

そして、つくっているうちに美しいものを生みだすつくり手たちには、試行錯誤のなかにつくることの悦びを与えてくれますが、ライン上で作業する人たちからはそうした悦びをも剥奪してしまいます。そこに資本家による労働者に対する搾取の根源である剰余価値など様々なファクターが加わることで、労働者にとって労働はもはや生き甲斐とは正反対の、苦役でしかないと看破したのがK・マルクス（一八一八～一八八三）であったことはあまりにも有名です。これを「労働による疎外」と彼は指摘しました。

実は、柳宗悦はそのマルクスの言説やラスキン、モリスの思想、さらには司馬の直前の指摘を、ある意味で換言するかのような言葉をその名著に残しています（Ⅱ部扉部分に示しましたので重複しますが、これはあえて再引用します）。

西洋では機械の働きが余りに盛んで、手仕事の方は衰えてしまいました。しかしそれに片寄り過ぎては色々の害が現れます。……なぜ機械仕事と共に手仕事が必要なのでありましょうか。機械に依らなければ出来ない仕事があると共に、機械では生まれない数々があるわけであります。凡てを機械に任せてしまうと、第一に国民的な特色あるものが乏しくなってきます。機械は世界のものを共通にしてしまう傾きがあります。それに残念なことに、機械はとかく利得のために用いられるので、出来る品物が粗末になりがちであります。それに人間が機械に使われてしまうためか、働く人からとかく悦びを奪ってしまいます[18]。

下線は僕が施したものですが、これなどはまさにマルクスがいうように、労働が働き手の人格から離れて、彼(彼女)がまさに疎外の奈落に落とされた瞬間です。

くらしのなかで生みだされ、見出される「芸術性」の意味と意義について、ほんのりとではあってもわかってきたように思いませんか。そしてさらに、表層的なそれのみではなく、そこから読み取らなければならない、深層的な意味での芸術性、あるいは思想といっても良いものがあります。柳は同書のなかで岐阜提灯(岐阜県岐阜市の伝統的手工芸品ですが、まさに多くの人々によってその生活のなかで、用の美として愛用されてきたものです)の「優しい品」の良さの表層と深層を巧みに表現します。「大きさや強さの美はありませんが、平和を愛する心の現れであります[19]」。

岐阜提灯について、私的な想い出に寄せて付記します。一九九八(平成一〇)年からおよそ二年間、仕事の関係で岐阜市内に住んだことがあります。その名を挙げればご存じの方もおありでしょうが、まちの中心に岐阜県随一の繁華街(であった?)柳ケ瀬商店街があります(わが国のご当地ソングの代表のひとつともいえる「柳ケ瀬ブルース」(作詞・作曲:宇佐英雄、唄:美川憲一)は、年配の方には懐かしい響きです。その歌碑は商店街の歩道に埋め込まれて

07 「柳ケ瀬ブルース」の歌碑

います。人々が絶えず往来し踏み続けてきた歩道に埋め込まれているところが、繁華街・商店街文化を象徴してきたまちの矜持なのでしょう［07］）。そのことをさらに補足しておきましょう。若き日の美川憲一氏を一躍スターダムに押し上げたこの曲が生まれたのは、一九六六（昭和四一）年のことでした。作詞・作曲者の宇佐英雄氏は当時、柳ケ瀬で「流し」をしていたそうです。進化したカラオケが当たり前の今の若い人たちには、「流し」と聞いても、何かわからないと思います。一般的には、ギター一本抱えて盛り場でスナックや居酒屋を一軒一軒その扉をたたき、酔客の求めに応じて歌って歩いた芸人の人たちです。民衆芸といっていいかもしれません。何でも学問の対象にしていいかどうかはともかくとしても、民俗学の視点からはとても興味深いですね。とりわけこうした「流し」という民衆芸の担い手が今や皆無に近くなっているがゆえに。これは、僕が岐阜に住んでいた頃にまちなかで聞いた話ですが（故に実数は不明）、往時（昭和でいうと高度成長真っ只中の三〇年代から四〇年代初頭）二〇〇人ともいわれた柳ケ瀬の「流し」の人たちも、二〇〇〇（平成一二）年頃にはふたりになってしまっていたとのことでした。

宇佐氏はこの曲を当初「長岡ブルース」というタイトルで自ら歌っていたようでしたが、地名のみ「柳ケ瀬」に変えて、レコード会社がこれを美川氏に歌わせたところ驚くことに一二〇万枚の大ヒットとなりました。柳ケ瀬商店街もこれで一躍全国区になったのです。おまけに、美川氏の芸名の由来は「（岐阜県には）三つの美しい川がある」ということからとったといいます。長良川、揖斐川、木曽川がそれに当たります。

「地名を変えただけで……」というのは、他の局面でもよくある話ですが……。

ちなみに、こうした「ご当地ソング」と地域やその観光との関連性を考えることも興味深いことですね。観光学者の溝尾良隆氏による『ご当地ソング讃―魅力ある「まち」にはいい歌がある―』（東洋経済新報社、一九九八年）、『ご当地ソング、風景百年史』（原書房、二〇一一年）など参考になるでしょう。

柳ケ瀬からさらに少し北に行くと岐阜市役所がありますが、そこから徒歩五分の距離に寓居がありました。それら繁華の地を従横するようにして走るメインストリートがあります（通称「長良橋通り」、JR岐阜駅を起点に北上すればそこは文字どおり、わが国を代表する清流のひとつ長良川です。また「長良橋通り」に並行して走るのが「金華橋通り」。こちらは、織田信長で有名な岐阜城を山頂に頂く金華山にちなみます）。

その「長良橋通り」沿いの市役所近くに、岐阜提灯を商う店が二軒ありました。在住時、ここを通るたびに心が和む気持ちになったことを覚えています。しかし残念なことに、そのうちの一軒はもうありません。僕の記憶では、このメインストリート沿いには、当時でも品揃いが多いのはここしかなかったと思いますが、今ではそれもなくなってしまったのです。もちろん、岐阜提灯そのものがなくなってしまったわけではありません。その伝統の灯を守るためにも、一九九三（平成五）年には「岐阜提灯協同組合」が設立され、九社が加盟して（うち岐阜市内六社、他は瑞穂市、笠松町、岐南町に各一社）、誠実なモノづくりを続けています。そして一九九五（平成七）年には経済産業省が「伝統的工芸品」に指定しました。またさらに、二〇〇六（平成一八）年には、「地域団体商標」に登録されているのです[20]。

08　川原町と岐阜提灯の町屋カフェ

また、市民や観光者が気軽に何気なく目にすることができる店は、長良橋通りのそれは確かにひとつなくなってしまったものの、少し足を延ばしてみると金華山・岐阜城のふもとに古いまちなみが残る地区のひとつ川原町に行き当たりますが、実はそこに一店みつけることができます。主に岐阜団扇を商う店ですが、軒先と店内にもひとつ岐阜提灯を観ることができます［08］［09］。そしてさらにこのエリアでは、それぞれの商店等が軒下に岐阜提灯を掲げることで、まちなみの景観に彩りを与えるための取り組みをも続けるようになりました。これもまた、くらしのなかの芸術のひとつなのです。

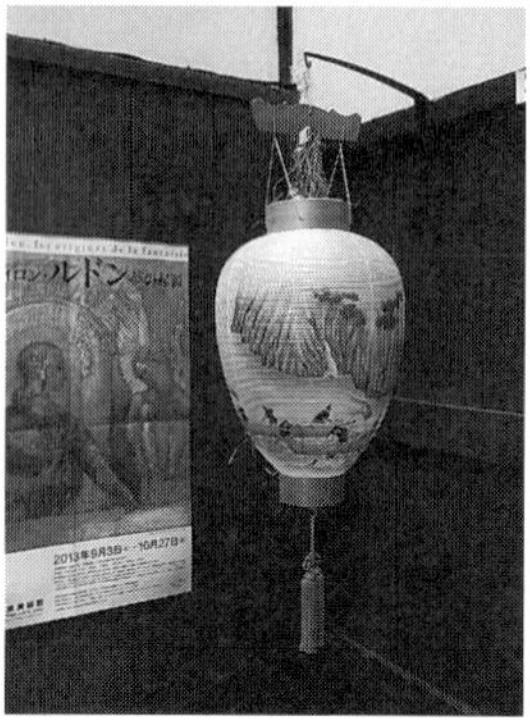
09　岐阜提灯

一三〇〇年の歴史を持つといわれる長良川鵜飼の観光船乗船場のあるこの界隈は、岐阜城を仰ぎみることができかつ豊かな清流を湛えており、まさに「飛山濃水」の「濃水」を体感することができる岐阜（市）の最も岐阜らしい場所のひとつです。ちなみに「飛山濃水」とは岐阜県を象徴的に表す四字熟語言葉で、よく似た例として京都は「山紫水明」と称されています。岐阜県の場合、飛騨地区は山々が美しく、美濃地区は水が秀逸であることから生まれた言葉です。自然の造形物としての景観（ハード）が、そこに住まう人々（ヒューマン）のくらしや生業《なりわい》のなかでより豊かな意味合い（ソフト）を付加していく。これもまたひとつの用の美であると僕は考えます。わが国の景観法やそれに基づいた地域の景観計画のなかで昨今重視される「文化的景観」はまさにそれに当たるのです。

「濃水」といいましたが、奥美濃のまち郡上八幡（現、郡上市）を訪れるとわかるのですが、まちを歩くとどこからともなく聞こえる水の音、まちなみの随所で出会う「水舟」などまさに用の美と文化的景観を象徴するまちのひとつです。

さて商店街の衰退化が社会問題となって久しいですが、とりわけ岐阜における岐阜提灯を扱うような、こうした類の商店が失われていくのは、まちにとって非常に大きな損失です。しかし残念なことに、こうした業態の店からまずシャッターが降ろされてしまうのでしょう。そしてしばしばそれらは、てっとり早く役に立つようなコンビニエンスストアや百均ショップに姿を変えてしまいます。

生活の芸術化を提唱したモリスは、大芸術と小芸術という捉え方をしています。前者は彫刻や絵画、建築など総合性を持ったそれです。それに対して後者は、普段の身の周りにあるものを通して日常生活を美しくしてくれる芸術です。ただこうした小芸術は、工業化と合理化が進み、規格化・画一化された大量生産品に取って代わられることで、すぐに使い捨てられていく日用雑貨となってしまいます。大芸術はいわば高文化、著名な作家や芸術家が腐心して取り組んできた作品であるとすれば、小芸術は日常のなかの基層文化を支える職人や労働者の喜怒哀楽の結晶といっていいでしょう。芸術とは労働の悦びの表現と考えていたモリスにとって、そこに職人や労働者に対する共感の念を見出そうとする意志を読み取ることができます。

そうすると、柳のいうような「大きさや強さの美」は元々なかったとして、本当に大切な本質としての「平和を愛するような心」も、規格化と画一化によって喪失されてしまうのです。もちろん、「平和を愛する心」ということについても、最初から必要以上に大上段に構えて、社会変革を唱えようとする必要性はありません。僕たちの日々のくらしのなかにおける「安寧としての平和」から始めて、一人ひとりの内面から湧き出たような想いが、やがて世界の平和を願う気持ちにまで敷衍されていけばよいのです。喩えていえば、八月のお盆に街角にかかる岐阜提灯をみて穏やかな想いを抱き、終戦記念の日と併せ改めて平和であることの大切さを願う、それだけでも柳の想いは伝わるように思います。

柳の長男で、父の遺志を継承しながら美しさをくらしのなかで求め続けたデザイナーでもあった柳宗理は、父の思想の核心を次のように指摘しました。

宗悦の理論の中心は社会変革というよりも、民芸の美の内面的追求の探索に情熱を燃やしていた(21)。

少し視点を変えてみましょう。コンビニ品化した日用雑貨といってもよい、いわゆる「百均商品」。これが悪いというつもりはもちろんありませんが、それを手がかりにするとまたいろいろなものがみえてくるのではないでしょうか。

〝オールタナティブ〟という思想

ラスキンやモリスの影響を受けたもののひとつとして、一九世紀の後半から二〇世紀初頭にかけてイギリスで展開された「アーツ・アンド・クラフト運動」があります。この工芸デザインに関わる理想を追求した運動は、まさに工業生産品が跋扈するなか、職人の精神・魂と手技をいかに回復するかを求め、用の美を日用品のなかにいかに具現化していくかを求めるものでした。柳の民藝運動にもそれは大きな影響を与えました。

しかしその両義性ゆえにか、当然のようにして賛否両論が渦巻き運動は論争を引き起こしていくことになります。始祖といってもよいラスキンを機械や蒸気、電気を憎む狂人と呼ぶような世論もあったといいます。この論争史については、G・ネイラーが『アーツ・アンド・クラフト運動』（一九九〇年、邦訳は二〇一三年、みすず書房）のなかで詳述しています。

当然、現代の文脈のなかでも同様の批判や論争は起こるべくして起こります。東日本大震災後のわが国において、原子力発電への批判や逆に活用・促進が論じられるなか、活用反対派のある音楽家に対して、「あなたはそういうけれど、電気を活用してシンセサイザーなどの電子楽器を使用しているではないか」といった人がいました。

なぜか、ラスキンに対する当時の批判的世論に本質は似ているようですね。そこでひとつみなさんに考えていただきたいのが、オールタナティブ（alternative）という発想です。おそらくそれは、文化について考え、あるいはそれを活かしながらくらしと「まちづくり」（以下、「まちつむぎ」を使います）を考え実践していくうえにおいても、重要な意味を持つ概念ではないかと思います。しかしこの言葉、日本語に置き換えて一言で表現することはとても難しいと思います。そんなことを思っていたときに、『広辞苑』（岩波書店、第六版、二〇〇八年）に妙訳をみつけました。引用してみましょう。

既存の支配的なものに対する、もうひとつのもの。特に、産業社会に対抗する人間と自然との共生型の社会を目ざす生活様式・思想・運動など。

いかがでしょうか。良い訳だと思います。さらにいえば、僕は「対抗する」が「対峙する」であればなお良いのではないかと考えます。「対抗」と「対峙」は、一見似ているようですが、やはり含意するところは違います。対象に向き合いながら、それをより良き状況へと改善していこうという意味合いは、後者の方に遥かに重みがあるからです。さらにいえば、自己と異なる対象への思いやりや共感への念が、「対抗」にはどうしてもそれが薄く、「対峙」には向き合いながら互いに歩みよりつつ、双方でより良き状況を導きだし、そしてともに歩んでいこうという意志を読み取ることができるように思うのです。

ラスキンや音楽家への批判は「対抗」の念から発しているのです。

僕自身数度しか出会ったことはありませんが、大変誠実な文化政策の研究者のひとりに、弘本由香里さんという方がいます。彼女が以前このような指摘をしていたことを思い出します。大きな参考となるでしょう。

（芸術や文化の創造性を）自らの価値観を選び取り、生きる力を養う糧であると考えるならば、それらは常に、ある価値観に対するオールタナティブとして登場する……文化政策とはオールタナティブを重視する政策だという位置づけを明確にする制度設計でなければならない。(22)

あえていうことになりますが、オールタナティブであるということは、単なる概念を超えて、もはやひとつの思想的実践、一例を挙げれば地域の固有価値を守るための思想的実践を表すものといっても良いでしょう。スロウフード運動などは、まさにオールタナティブな思想的実践を進めるものであり、「既存の支配的」と思われてきたファストフードに対するもうひとつの実践の在り方を改めて再確認し勧めようとするものです。ファストフードを直截的に排撃するような「絶対的手法」でないこともまたオールタナティブであることのひとつの特質ではないでしょうか。

先に引用した柳の『手仕事の日本』（本章「くらしのなかの芸術性」の節参照）のなかの一文もまたオールタナティブな発想を読み取ることができますね。機械生産によって産みだされた生産品そのものを絶対悪とは考えていないし、それを排斥しようともしていません。機械生産の基調となっているシステムの在り方にまず疑義を感じ、その改善を願っているのです。

まちをつむぐ思想——固有価値としての用の美——

ラスキンとモリス、アーツ・アンド・クラフト運動、オールタナティブ、固有価値……、直前でこのようなことを考えてみましたね。そこでさらに、少し長くなりますが以下の文章を考える素材にしてみませんか。

今日のポスト産業社会、ポストモダン社会におけるクラフトマンシップの概念の変容は、むろん別の話で、工芸のみならず芸術の複雑な再定義を伴うものである。とはいえ、ラスキンとモリス、また彼らの後に続いた人びとの理想の中心をなすものは保全への彼らの関与である。町や村の建物の伝統的な型（それはもはや取り返しがつかない、また避けがたく損なわれてしまうものだが）の保全のみならず、地球の天然資源の保全にも彼らは関わったのである。もちろん、こうした関心は今日さらに切迫した問題になっており、未来の歴史家たちがこの一握りの思想家たちを、デザイン改革の先駆者というよりもむしろエコロジー改革の先駆者とみなすことも十分に考えられる。[23]

ラスキン、モリスそして彼らに続くアーツ・アンド・クラフト運動の担い手たちは、まさにまちづくりの思想を体現してきた、そう評価できる指摘です（「まちづくり」と「まちつむぎ」というふたつの言葉をこれまで併用してきましたが、これからは本書の趣旨に基づき「まちつむぎ」で統一したいと思います）。

僕は今までつくってきた本や雑文を通して、まちとは「ハード・ソフト・ヒューマン」という三つのウェアがつむがれることで、相乗的にブラッシュアップされてその彩合《いろあ》いをより豊かにしていくものであるということを

文明と文化の差異

文　明	文　化
• 便利であること	• 文明の恩恵が，固有の文化を損なうこともありうる
• 優劣を競う傾向があること（より早く，速く，便利に）	• 優劣を競うことに基本的にはなじまない
• 主として，開発とハードウェア中心のイメージ（スクラップ・アンド・ビルド）	• 「文明」の視点からみて不便なことも文化たりうる • ハード・ソフト・ヒューマンウェアの調和 • 保存することも開発たりうる（文化開発）
• モノの豊かさを象徴（物質文明という表現）	• ココロの豊かさの拠りどころ（精神文化という表現）

井口貢編著『地域の自律的蘇生と文化政策の役割』（学文社，2011年）をもとに加筆。

しばしば随所で述べてきました[24]。もちろん三つのウェアの大切さについては、僕が最初にいったわけでもなければ専売特許にしているわけでもありません。文化政策学の世界での敬愛する先輩である中川幾郎氏は早くからその重要性を指摘しています（『分権時代の自治体文化政策』勁草書房、二〇〇一年）。

僕自身は、これらこそが掛け替えのない固有価値としての地域の文化資源であると考え、簡単に整理したことがありますが、それを「文明と文化の差異」を念頭におきながら考えてもらおうと思い、ここに転載しましょう。

まちつむぎにおいて、地域の文化資源とは何かを明らかにし、それがわがまちにとって掛け替えのない固有価値であることを、まずそこにくらす人々が認識しなければなりません。しかし現実には、長い年月のなかで風雪に耐えたそれらが、多くの人々によって認知はされていても、「文化資源」であるとは認識されていないということもあるでしょう。

そこで重要になってくるのが「公共教育」の力だと思います。Ⅰ部のなかで僕は「公教育」と「公共教育」はある意味で違うということを記しました。もちろん、まったく相反するものであるとは思いませんが、システム化された学校教育としての「公教育」からはどうしても滑り落ちてしまうところを、「公共教育」は地域の力でカヴァーしなければなり

地域の文化資源

ハードウェア	ソフトウェア	ヒューマンウェア
建造物 （神社仏閣，城郭，町家など） 町並み 商店街 大学や教育機関	祭り 四季の行事 町並み保存などのまちづくり 運動や活動 暮しの知恵（常民の知恵） 教育活動，社会的活動	歴史上の人物など 地域の人財としての生活者（常民） ヨソモノ バカモノ スグレモノ 学生・生徒・児童

井口貢編著『地域の自律的蘇生と文化政策の役割』（学文社，2011年）。

ません。

小・中学校で地域学習の時間などが積極的に取り入れられようとしているのは、「公教育」の現場においても、「公共教育」の要素を取り入れる必要性が痛感されているからかもしれません。

また最近しばしば、「地域力」という言葉が使用されます。「地域力」の根幹をなすものは地域の教育力であり、それに基づいた地域の文化力であると思います。地域の文化資源に内在するものはまさにそれでしょう。そして、固有価値としてそれが認識されることで、地域における「用の美」もまた意味を増すことになるのです。

「我国の如く交通の緻密な人口の充実した猫が屋根伝いに旅行し得るような国でも地方到る処にそれぞれ特殊なる経済上の条件があって流行や模倣では田舎の行政はできぬ[25]」とは、Ⅱ部の扉で引用した柳田國男の一文です。今一度その意味を味読してみませんか。

6章　まちを彩るということ――今一度、まちつむぎのために――

彩り溢れたまちであるために――景観やまちなみとその美――

この章は、4、5章でお話ししてきたことの一定のまとめも兼ねながら記してみたいと思います。そしてさらに、Ⅲ部のなかでお話しをすることになる、地域と観光の問題にこれをつなげていければと考えています。

前章で引用しましたG・ネイラーの指摘からもわかるように、ラスキンやモリス、そして彼らの後に続いたアーツ・アンド・クラフト運動の担い手たちのミッションから僕たちが学びとるべきことは、単に狭義のデザイン論だけではなく、まちなみの保全や景観、環境の保全などを視野に入れた広義の地域づくり政策の実践の視座でしょう。そして彼らは地域というよりも、もっと大きなものを視野に入れていたというべきでしょうが。

常に新しいものをつくろうとするわが国の高度経済成長期の時代（一九五〇年代半ばから一九七〇年代前半）においては、まさに開発するということとは、スクラップ・アンド・ビルドを基調とすることではなかったでしょうか。そして、狭義のデザイン（地域デザイン）はそれに従属していたといっても過言ではなかったでしょう。まさに「保存することとは、開発ではなかった」わけです。ましてや「つくらないことは、さらに開発ではなかった」のです。しかし、時代というものはどこかでくっきりと線引きをしたところから一八〇度転換するわけではありません。まさに、弁証法的に展開していくのです。

この時代において、すなわち高度経済成長の真っ只中にありながら、迫りくるその矛盾と対峙するかのように、「保存することも開発である」を基本にまちつむぎの活動を展開したまちがあります。愛知県西加茂郡足助町です（平成の大合併で、現在は豊田市。僕自身このまちについては、随所で述べてきましたので[26]ここでの詳述は避けたいと思いますが、Ⅲ部で今一度触れようと思います）。実はこの頃、軌を一にするかのように長野県の妻籠や馬篭、あるいは岡山県の倉敷や滋賀県の近江八幡、福岡県の柳川などで相次いでまちなみ景観の保存修景運動が起こっています。そしてこうした実践の延長線上に、一九七五（昭和五〇）年の「文化財保護法」の改正に伴って「重要伝統的建造物群保存地区」の認定が制度化されていくことになるのです。ちなみに、高度経済成長が瓦解したのは一九七三（昭和四八）年のことでした。僕は滋賀県出身でありながら、近江八幡の八幡掘り保存修景運動については、それが展開された一九七〇年代の只中にはほとんど知りませんでした（高校生から大学生にかけての頃です。高校時代の友人には近江八幡からの通学者もたくさんいたのですが、まさに「灯台、下暗し」です。地元のことを地元の人が意外と知らなかったりするというのもよくあることですね）。

一方で、倉敷については一九七二（昭和四七）年三月に初めて訪れ、「保存修景・動態保存[27]」されたまちなみというものを、おそらく生まれて初めて目の当たりにしました。僕が高校二年生になろうとする春のことで、開通したばかりの山陽新幹線（新大阪―岡山）に乗車してみたいという好奇心を道連れに出かけました。Ⅰ部で記したように、熱望していた伊良湖行よりも先だってしまった僕の旅の始まりの一頁でした。高校生の僕はもちろん当時は「保存修景・動態保存」という言葉など知る由もなかったのですが、あえて壊して新しいものをつくるのではなく、古建築を活かしながら新しいソフトとともに新たなものをつくりだしているまちの力というものに圧倒された記憶は忘れられません。そして「山陽新幹線が開通したばかりということもあるのだろう……」と当時は思いましたが、こうした再生された古いまちなみに多くの人が集い賑わいをつくっていることもまた大きな驚きでした。書道の授業でよく書いた「温故知新」までも連想してしまいました。

僕の通っていた高校は、国宝彦根城の城内にあり（現在では、世界文化遺産登録に向けて官民挙げて尽力中です）その優美な姿を毎日仰ぎ観ての日々はとても豊かに感じるものでした。しかし倉敷と比較したときに、その賑わいの様（単なる観光客の数とか、彼ら相手の店舗数とかはまったく別にして）に、高校生心にもなぜか大きな違いがあるように感じました。「静態保存」という言葉ももちろん当時の僕には知る由もありませんでしたが、この保存法を遵守しなければならい国宝彦根城、しかも一点豪華主義的（適切な言葉とはいえませんが）な装いに対する、非日常的空間への良きにつけ悪しきにつけての違和感がそこにあったのかもしれません。城内を一歩出れば、当時（すなわち昭和四〇年代的）高度成長の近代的なまちなみ、今となってはそれも「昭和レトロ」で、視点を変えれば評価されますが……。

倉敷の「動態保存」によるまちなみが持つ日常性、美観地区のメインストリートから外れた古い露地に残る生活感……それらがおそらく僕の心に刻印された大きなポイントでした。そしてランドマークとしての大原美術館。ランドマークは、一点豪華主義よりも周囲を配置し固める存在が、一層その光に光彩を与えるのですね。

景観やまちなみの美というものは、一点豪華主義的でモノカルチャーの設えからは、見出すことが難しいということです。そしてそのことは、地域に住まい、まちを構成する人々にも同様のことがいえるに違いありません。

◇

Ⅱ部の5章では、とりわけ岐阜のことに触れているということもあり、【コラム②】は岐阜県商工労働部観光交流推進局の前局長で現在は同推進局顧問の古田菜穂子さんにお願いしました。古田さんはプランニングディレクターとして郷里岐阜県の活性化のために、長く民間の立場で尽力されてきました。「岐阜フラッグアート展」で彼女が果たしてきた役割は、強く印象に残っています。もちろんこれにとどまらず、多くの業績が評価されて民間から抜擢され、同局長に就任されて四年間に渡って岐阜県と岐阜市のためにさらに尽力されました。何度か僕のゼミにも来ていただき、お話しをしてもらったこともあります。

コラム執筆を快諾いただいた古田さんには心より感謝しつつ、みなさんとともに拝読したいと思います。

◇

【コラム②】カフェで考察する――テロワール的「まち」「ひと」「観光」／岐阜・長良川便り――

私は今、金華山、長良川を望む岐阜市のカフェ「ナガラガワ・ベジーズ」でこの原稿を書いています。カフェのある場所は、以前は大きな観光ホテルがあったのですが、二〇〇〇年に閉鎖した後は岐阜市に返還され、ずっと空き地になっていました。金華山を目前にし、長良川の一三〇〇年の伝統を誇る鵜飼見物にはもってこいの一等地なのに、です。ですから一〇年ほど前から、この空き地の「場の力」をお借りして、様々な地域に関わる「コト」を行ってきました。たとえば約三〇〇〇人近い参加者が、養蜂発祥の地・岐阜市にちなんだ蜜蝋燭と、岐阜県の伝統的工芸品である岐阜提灯を組み合わせたオリジナル提灯を手に、長良川河畔を歩いてあかり景色を作り出す「あかり灯ウォーク」というイベントや、岐阜市出身のアーティスト日比野克彦さんらと二〇〇六年から始めた「このよみのよぶね」などの地域資源を活用した住民協働型イベントです。

その後、二〇一二年には、この場所に「岐阜市長良川鵜飼伝承館（愛称・長良川うかいミュージアム）」が建設され、併設して地産地消にこだわったおしゃれなカフェが誕生し、今、私がここにいるというわけです。

10　私のSense of place～金華山から望む長良川遠景（撮影：中本桂材，提供：岐阜県）

こんなふうに、「場所」は時を経て、いろいろなカタチに変わります。ですが、どんなに姿・形が変わっても、ある一定の場所には、遥か昔からずっと持っているその場所ならではの、「Sense of place～場の感覚」や「場の記憶」が必ずあり、その感覚、感性、記憶が紡がれて、そこでしか味わえない、「場所としてのテロワール」を生むのです［10］。

「場所としてのテロワール」とは私が作った概念造語みたいなものですが、ワインの味が土壌で変わるように、いわゆる地域づくりも、地域が持つ土壌的場の力を無視しては、場を活かし、そこにいる「人」を生かし、「コト」を起こし、「観光」につなげるなんてことは、決してできないということです。まさに、私たちがクリエイトしていくべきものとは、そういったものにどれくらいセンシティブかつ真摯に向き合って、愛をもって解釈し、持続可能な未来指向の行動に結びつけていけるかで、その出来栄えは大きく違っていくと思います。

今、美味しい珈琲と岐阜の蜂蜜を使った甘さ控えめのバームクーヘン（小さな積み木のようなブロックになっていて、それはまさに金華山を表しています！）を味わいながら、実は、これらひとつ、ひとつのデザインやテイストにも、例えば途方もない昔に、この場所で、長良川や、金華山を目前にその美しさに立ち尽くした人の心の響きや、闇のなかに燃える篝火や、一三〇〇年もの間、毎夜、鵜匠さんが川底の鮎を目覚めさせるためにコンコンと鵜舟の底を叩く音といった、様々な記憶の気配が内包されていることをみなさんは、知っていますか？

ちょっと不思議に思われるかもしれませんが、過去と現在は確実につながっていて、そのつながりを（様々な解釈や、姿は変わっても）、創出できている場所こそが実は魅力的な「デザイン」、「モノづくり」、「食」、そして「人」を育み、ひいては「観光地」となる可能性をはらんでいるということです。言い換えれば、そういった「変わらないもの」があるからこそ、「変わるべき」文化やアートやデザインやクリエーションや産業が生まれ、育まれ、そして消費や生産としてのコミュニケーション活動にも結びついていくのでしょう。

歴史は繰り返すといいますが、社会のモードも、生態系のように、もっといえば川や、雨、風、太陽、雪、雲、そして様々な命のように、繊細な記憶の軸糸を多層に紡ぎながら、繰り返していくのです。

まちは生きている。だからこそ繁栄もあれば、廃れるものもある、私の愛する美濃和紙や岐阜提灯も、デザインや用途は時代の流れのなかで変化してきます。でも、私が美濃和紙の若手手漉き職人たちと一緒に再生した「水うちわ」などもそうですが、その作り手や味わいは、「場所」がすっぽりとこの地球からなくなってしまわない限り、必ずどこかに残っていくし、残すべきだと考えています。そして、それを行うのが「人」なのです。

意識的に、意図的に、変化を受容しつつ、今を生きる「人」としてできることを私は、これからも、ずっと、流れる川のように行っていきたいと思っています。

〔古田菜穂子〕

◇

❖ みんなで考えてみよう②

生活の芸術化、小芸術、用の美……などについて本文で触れました。そのうえで「コンビニ品化した日用雑貨……百均商品」という表現を採りました。それらを手がかりに、特に次の二点を中心に考えてください。

① あなたが毎日晩酌で麦酒を飲むと仮定しましょう。毎晩それをコンビニかスーパーで購入した紙コップで飲むとしたら、一個当たりの単価は一〇円未満でしょう（もちろん、麦酒代は別ですよ）。しかしそれを、まちの商店街の陶器店で買ってきたビアマグで飲むとしましょう。有名作家のそれではなく、常滑（愛知県常滑産）で買ってきた（良い意味で）無名の職人のそれがなぜか気に入って、三一五〇円で購入しました。さあ、どちらを選択しますか？

②「百均商品」といっても最近では侮れないものも少なくありません。さすがに岐阜提灯のエピゴーネン、コピー商品はまだみた経験はありませんが、常滑産を模したような招き猫ならたくさんみかけます。さて、規格化された大量生産品とはいえ、なぜ一〇〇円でこれを売ることができるのでしょうか。こうした業態の店舗は、当然のようにスーパーマーケットなどのテナントとして入っていることが多いので、テナント料も馬鹿にならないはずです。本文中で紹介した、K・マルクスやJ・ラスキン、W・モリスの悲しみと憤りに共感しながら考えてみてください。もちろん、マルクスとラスキンやモリスらとの間には、社会への憤り、労働や労働者に対しての共感や悲しみを共有しようとする姿勢には差異があることはいうまでもありません。さらなる発展的考察として、その差異についてもぜひ考えてみましょう。

(余談ですが……)

陶器のことを一般名詞として「瀬戸もの」、陶器店のことを「瀬戸もの屋」という呼び方を一部地方(僕もこどもの頃よく耳にしました)ではしますが、随分以前に富山県氷見市で古老からやはり一般名詞として「唐津屋」という謂いを聞いて新鮮な驚きを覚えた記憶があります。江戸時代、あるいはそれ以前からの流通経路の差異から来ているのではないかと思ったからです。

①の問いのなかで、「有名作家」「無名の職人」という表現を採りました。「日本中世六古窯」と呼ばれる陶器の産地があります。瀬戸・常滑・越前・丹波・備前・信楽がそれに当たります。瀬戸と常滑はともに愛知県ですが、常滑の製陶会社・山文の社長で僕も親しくしていた山本幸治さんからかつて聞いた言葉が記憶に残って離れません。「瀬戸は作家のまちで、僕たちの常滑は職人のまちです」。山本さんは矜持を込めてそう語ってくれましたが、数年前に若くして亡くなり残念な思いです。

註

（1）日本で「アート」という言葉が、いわば現代的な文脈のなかで多用・氾濫するようになったのはいつ頃のことかと考えたときに、美術批評家の椹木野衣氏は、一九八〇年代に入った頃、バブル期ではなかったかと体験的に述べています（『反アート入門』幻冬舎、二〇一〇年、一六頁）。僕も同感です。バブルの頃というのは、言葉もまたバブルのように溢れ、お洒落なカタカナ語があたかも真にお洒落であるかのように氾濫し、そして消えていきました。

昨今、ここ一〇年ぐらいでしょうか、よく使用される「コンテンツ」という語についても、同様のことがいえるような気がして仕方ありません。「コンテンツを活かした地域活性化」であるとか「コンテンツ・ツーリズム」という表現が至るところで多用されていますね。

（2）梅棹忠夫『都市と文化開発』（著作集第二一巻）中央公論新社、一九九三年、五三五〜五三八頁。ちなみに、この指摘は、梅棹が一九七九（昭和五四）年一一月に横浜市で開催された「全国文化行政シンポジウム」での基調講演「文化行政が目指すもの」においてなされたものです。参考までに、他の三つの誤解も簡潔に要約しながら紹介しておきましょう。

「文化は行政になじまないもの、行政は文化に介入すべきではないという誤解」
「文化とは、うしろむき、古いものと関係があるという誤解」
「文化と教育の混同、文化と教育は同質のもの、文化を教育の一部としてとらえるという誤解」

このなかで、とりわけ「教育」の問題については、議論が生まれそうですね。すでに本書のⅠ部3章「「冨田人形共遊団」その展開」の節のなかで僕は、「公教育」と「公共教育」の差異について考える必要性があることを、問題として提起しました。そのことと併せ、Ⅱ部5章「まちをつむぐ思想―固有価値としての用の美―」の節でも少し考えてみました。

（3）五木寛之『蓮如』岩波書店（岩波新書）、一九九四年、四五頁。五木氏に関連してひとつ付記しておくと、今は亡き文芸評論家で作家であった中島梓（栗本薫）は、高名な作家を引き合いにしながら「・・が百人いても、世の中は何事も変らないだろうが、五木寛之がひとりいれば、世の中の千分の一ぐらいは変わってゆくのではないか」という趣旨のもとで「私説・五木寛之論」を展開していたことを思い出します。「・・が」はもちろん実名で記されていますが、この註ではあえて伏せつつ、ヒントは直後にあります（『別冊ポエム』一九七七年刊）。

　僕がまだ学生だった頃のことですが、その頃の僕は五木氏の作品としては『青春の門』と『風に吹かれて』くらいしか読んでいなくて、一方でその高名な作家の作品は学生にとって、たとえ理解できなくても背伸びしてでも読みたい本で、『ピンチランナー調書』などはまさに必須アイテムでした。

（4）講座派について簡単に説明しておきたいと思いますが、そうするとどうしても労農派にも言及せざるをえないでしょう。かつて一九二〇年代から三〇年代にかけて、わが国の経済史学の世界で、「日本資本主義論争」というものが激しく論じられていました。誤解を恐れずに、今の若い人たちにわかりやすく一言でいってしまえば、「明治維新」という社会変革をどう概念規定するかということが大きな論点だったのです。当時岩波書店から刊行されていた『日本資本主義発達史講座』（一九三二〜三三年）に集い執筆した論客たちを①講座派と称しました。一方、雑誌『労農』に寄稿した論客たちが②労農派と呼ばれたわけです。ともに、マルクス主義史家、論者論客であったことは共通していました。①の立場の人たちは、明治維新を「絶対主義的改革」と捉え、②の立場の人たちは「ブルジョア革命」であったと認識していました。これらのことについては、1章の註(1)においても簡単に触れてはいますが。
　僕も院生の頃、これをテーマに展開された演習を履修しました。現在ほど文系大学院進学者が多くなかったこともあるでしょうが、指導教官とほとんどマンツーマンの演習で、しかも彼はあの『貧乏物語』で著名な河上肇の薫陶を受けた人でもあったのでとても厳しく、僕たち学生はいつも緊張していたことを思い出します。ただ一方で僕自身こうした概念規定の在り方になぜかすっきりしないものを感じたのも事実で、この演習と同じ時期に履修したまったく別の演習のテーマに共感を覚えたのも事実でした。その演習のテキストが、実は鶴見和子の『漂泊と定住と―柳田国男の社会変動論―』（筑摩書房、一九七七年）だったのです。余談ですが、僕は現在勤務する大学の大学院の前期課程一回生演習で何年も前にテキストとして使用しました。

（5）前田英樹『民俗と民藝』講談社、二〇一三年、一三頁。

（6）菅豊『「新しい野《の》の学問」の時代へ』岩波書店、二〇一三年、二〜七頁。

（7）菅、同上書、三〜四頁。

（8）井口貢「協育とまちつむぎのために」井口編著『地域の自律的蘇生と文化政策の役割』学文社、二〇一一年、一八五〜二〇二頁。

（9）飯田市からは官民挙げての協働のもと、僕たちのゼミに多大な示唆を与えていただきました。行政からは、牧野光朗市長、木下巨一商業・市街地活性課長、小林美智子観光課主事はじめ多数の職員の方々、また民間からは「しんきん南信州地域研究所」（飯田信用金庫と市の共同出資）の井上弘司主席研究員（内閣府観光カリスマ）はじめ、市内知久町でライブハウスを経営しながら「音楽のあるまちづくり」を推進する音楽プロデューサーの桑原利彦さんほかこちらも多くの市民有志が惜しむことなく協力とアドヴァイスをいただきました。その後もこうした市民の方々との関係性は続いていくことになり、桑原さんの音楽のあるまちづくり活動については、僕の所属する本学政策学部の教授である多田実さんが、そのゼミの学生たちと一緒に関わり実践していただいています。余談余技となりますが、桑原さん・多田さん、そして僕で音楽ユニットをつくり（「KIT-on」と命名）飯田市の音楽仲間を引き込みながら、年に数回まちづくりトークと唄を交えた、いわば「レクチャーライブ」を行うようになったこともひとつの副産物かもしれませんね。ちなみにユニット名は、Kuwahara, Iguchi, Tada にちなみます。

（10）固有名詞の使用については、僕はよほどの差支えがない限り、良い面や評価すべきと考えたケースにおいては、極力それを採用することにしています。「Aさん、B氏……」といった形で表記される論文等も確かにありますが、柳田がおそらく求めたであろう、「目に一丁字無き」形で普通の人々を描きだしたくないという発想、有名人や偉人や高名な思想家等々でなく、普通にくらす生活者も確かに生きてきたしまた生きているということ、すなわち常民（ordinary people）こそが生活文化・基層文化の担い手であり主体者であるということ、これを伝え表現するためにも、文字で表記された「目に一丁字無き」人々としての「A」「B」……は使いたくないと思うのです。変なこだわりかもしれませんが、言葉や表記にこだわることは、文化について考えるうえで、非常に大切なことです。

さらに屋上屋を重ねる蛇足となりますが、世に名を残した偉人等の固有名詞を使わずに歴史叙述を試みることの実践を試みた柳田の著作『明治大正史世相篇』（一九三〇（昭和五）年）の意図するところと、常民をあえて固有名詞で表記するということとは、矛盾するどころか、逆に強く通底するものであると僕は思います。

（11）T・ヴェブレン『有閑階級の理論』筑摩書房（ちくま学芸文庫）、一九九八年、八二〜一一七頁。

（12）柳宗悦『民藝四十年』岩波書店（岩波文庫）、一九八四年、一五九頁。

(13) 柳田國男『民謡の今と昔』(『柳田國男全集　18』(ちくま文庫版)所収)筑摩書房、一九九〇年、三一四頁。
(14) 柳田、同上書、三一一頁。
(15) W・モリス『民衆の芸術』岩波書店(岩波文庫)、一九五三年、四四~四五頁。
(16) 西田幾多郎(一八七〇~一九四五)は、日本の言葉で日本の哲学を語ろうとしたわが国の近代を代表する思想家のひとりです。代表作はいうまでもなく『善の研究』(岩波書店)ですが、その他多くの著作が岩波文庫に収録されています。

今では京都の観光名所のひとつである「哲学の道」は、かつて西田や京都学派の哲学者が思索しながら好んで歩いた散歩道であったということは、あまりにも有名です。

僕自身西田哲学を本格的に学んだ経験はありませんが、かつて一九八四(昭和五九)年の夏に石川県宇ノ気町(現、かほく市)で開催された、「西田哲学開放講座」という合宿に参加したことがあります。宇ノ気町は西田の出身地であり、それを顕彰するために町が主催で毎年開催されていました。今でいう地域活性化のひとつという見方をする人もいるかもしれませんが、著名な哲学者たちの講義が格安で拝聴でき、全国から集まった同好の士と寝食酒を共にして深更まで語りあった経験は、今でも忘れることができません。そしてその陰に、これを単なるお役所仕事としてではなく親身となって支えた行政職員の人たちの姿も印象から離れません。さて「純粋経験」についてです。述べたように僕自身は西田哲学の素人ですから理解の仕方が足りないかもしれませんが、高等学校の「倫理」の授業で高校生たちに解説するという想定でお話ししてみましょう。……純粋経験とは、あるひとつの「経験」という行為において、不要な打算や夾雑なものを介しない心的な状態をいいます。具体的にいうと、例えば、障害を持った人をケアする「ボランティア」という行為を経験するとしましょう。その際に「私は今ボランティアをやっているのだ、正義感や使命感に燃えているのだ、ついでに褒めてもらえれば嬉しいな!」といった気持ちを伴ってしまったらそれは純粋経験とはいえないのです。雑念を無の状態にして、ボランティアを受けている障害者と意識裡において心をひとつにして同化した状態でなされなければならないのです。そしてその彼岸にあるのが、やはり西田がいう「絶対矛盾的自己同一」なのではないでしょうか。純粋な気持ちと雑念という矛盾した自己のなかで、それと対峙しながら止揚し、より良き自己を実現することが求められなければならないということです。ちなみに止揚という行為については、ヘーゲルの弁証法のお話しをしたときに出てきましたね。今一度復習をしておいてください。

さて、屋上屋を重ねますが、ボランティア行為とは視点を変えた例もひとつ提示しておきましょう。二〇一三（平成二五）年八月二一日、アメリカ・メジャーリーガー、ニューヨークヤンキースのイチロー外野手（鈴木一朗）が日米通算四〇〇〇本安打を達成したことはみなさんご存じですね。イチローのストイックなまなざしを禅僧に喩える人もいましたね。彼が打席に立ってヒットを打つ、そのインパクトの瞬間はまさに「純粋経験」だと思います。これは、どの野球選手にもできることではないでしょう。また、イチローは達成後のインタビューのなかで、「四〇〇〇の安打を打つには、八〇〇〇回以上の悔しさと向き合った」と答えています。八〇〇〇と対峙しながらの四〇〇〇というものが、まさにイチローが自己のなかで勝ち取った「絶対矛盾の自己同一」なのです。……どうでしょう、却ってわかりにくくなってしまったらご寛恕ください。念のためくどいようですが、イチローの話とは別に「絶対矛盾の自己同一」について、こういう理解の仕方はどうだろうかともうひとつ付記しておきましょう。……どんなに健康な人でも、人はいつか必ず死にます。生の只中にある自己にとって「生と死」は絶対的に矛盾する存在です。「いつかは必ず死ぬというなかで生を生きる自己」という矛盾のなかで「どうせ死ぬのだから、いつ死んでも一緒だ」と考えるのではなく、両者の矛盾に折り合いをつけながらより良き生を生きようとすること、これもまた「絶対矛盾的自己同一」なのではないでしょうか。……ともあれ「純粋経験」も「絶対矛盾的自己同一」も文化や芸術について考えるうえにおいては、大きなヒントとなる発想であることは間違いないのです。

(17) 松井健ほか編『サヨナラ、民芸。こんにちは、民藝。』里文出版、二〇一一年、一〇頁。
(18) 柳宗悦『手仕事の日本』岩波書店（岩波文庫）、一九八五年、一一～一二頁。
(19) 柳、同上書、一一四頁。
(20) 岐阜提灯は、尾張藩への献上工芸品として創始されたといわれていますが、その起源は諸説あります。慶長年間と比定されることもありますが（そうすると、四〇〇年の歴史を積み重ねてきたことになります）、宝暦年間に現在のような意匠の原型ができ、文政年間には彩色を施されるようになり、現在の姿に至るようになったと考えられています。文政年間から数えると、およそ二〇〇年を経たことになります。いずれにしても、伝統を守りながら新たな意匠を創造することで、その伝統をより新たなものにしながら今日に至っているのです。

(21) 柳宗理「柳宗悦の民芸運動と今後の展開」『季刊「銀花」』第五四号、文化出版局、一九八三年六月、五一頁。
(22) 弘本由香里「文化政策に求められるものとは―文化芸術振興基本法をめぐる議論から―」『CEL』第六一号、大阪ガスエネルギー・文化研究所、二〇〇二年六月、七八頁。
(23) G・ネイラー『アーツ・アンド・クラフト運動』みすず書房、二〇一三年、一二一~一三三頁。
(24) 例えば、次のような拙稿を参照してください。井口編著『地域の自律的蘇生と文化政策の役割』学文社、二〇一一年、八~一二頁。
(25) 柳田國男『時代ト農政』(『柳田國男全集 29』(ちくま文庫版)所収)筑摩書房、一九九一年、一〇~一一頁。
(26) 例えば、拙著『まちづくり・観光と地域文化の創造』(学文社、二〇〇五年、二四~三二頁)などを参照してください。
(27) 文化財保護法において、国宝や重要文化財などはいわば凍結保存するかのよう、さらに喩えていえばガラスケースに陳列するような形での保存と公開しか認められていません。内部を様々なソフトを導入して、新たな手法で改修したりすることは認められていないのです。これを「静態保存」といいます。それに対して、登録文化財などにおいては「動態保存・保存修景」が認められ、外観を保ちつつ内部を自由に活用することも可能となります。京都を嚆矢とした町家の活用事例(身近では、町家カフェ、町家イタリアン、町家居酒屋……雨後の筍のようにありますね)などはそのひとつです。

Ⅲ部

くらしのなかでつむがれる観光

――「脱観光的」観光のススメ――

良き旅行というものもやはり良き読書と同じで、単に自分だけがこれによって、より良き人となるのみならず、同時に人類の集合生活にも、何か新たなる幸福なるものを齎《もたら》し得るか否かに帰着する。……

ごたごたと乗り合わせている人の中に、本当の旅行者という者が果たしてどのくらいいるであろうかということを、自分などはしばしば考えてみる。あるいは職業や銭儲けのために、あるいは親類を訪問するために、行ってこないと用が足りぬから、面倒だけれども出かけて来たという人がずいぶん多いらしい。乗るや否や新聞一つ見ずに、腰掛けさえ空いていればすぐにもたれて寝てしまうという人がいくらもあるようだ。彼らは実は旅人ではないのである。

柳田國男『青年と学問』

伝統というものは……自分の生活をどのように守り、それを発展させていくか、いったか、その人間的エネルギーを指しているものであるだろうと思うのです。

宮本常一『日本人のくらしと文化』

観光資源というものはいたるところに眠っておるものです。それを観光対象にするしかたに問題があるのだ。

宮本常一『旅と観光』

もし宮本君の足跡を日本の白地図に赤インクで印したら全体が真っ赤になる程であろうが、同時の彼の労作にして既に活字になったものも大変な頁数である。

渋沢敬三「わが食客は日本一」

高月院にのぼると、テープに吹きこまれた和讃が、パチンコ屋の軍艦マーチのように拡声器ががなりたてていた。この騒音には、鳥もおそれるにちがいない。この変貌は、おそらく寺の責任ではなく、ちかごろ妖怪のように日本の津々浦々を俗化させている〝町おこし〟という自治体の〝正義〟の仕業に相違なかった。私の脳裏にある清らかな日本がまた一つ消えた。山を怱々《そうそう》に降りつつ、こんな日本にこれからもながく住んでゆかねばならない若い人達に同情した。

司馬遼太郎『濃尾参州記』

7章 「観光」を再考する——自らのまちを観光するということ——

波及効果としての地域文化と経済——観光と観光産業のディレンマ——

二〇〇三（平成一五）年と二〇一一（平成二三）年は、わが国の観光をめぐる状況にも大きな影響を与えることになった年ではなかったでしょうか。

前者の一月の国会施政方針演説で当時の小泉純一郎首相は、俗にいわれることとなる「観光立国宣言」を提言しました。これは、内閣総理大臣が公的に行ったものとしてはわが国で最初のものとなりました。

後者については、もういうまでもありませんね。三月一一日に発生した東日本大震災とその被災からの復興を期した年です。東北地方はもちろんのこと、日本が受けた甚大な打撃とその影響は今も大きく、被災者の悲しみや痛みは癒えることはありません。

まず二〇〇三年という年から考えましょう。これを起点に、わが国は国から基礎自治体に至るまで大変な観光ブームを引き起こしていくことになります。僕が職を得ているのは大学の世界ですから、もちろん観光の現場としての観光産業ではありません。しかしその大学の世界でも、一九九〇年代の終る頃より急速に「観光化」が進みました。誤解を招きそうな言葉ですが、ここでいう「観光化」というのは、観光関連の学部・学科が急速に進んだということです。一九九〇年代の末に立教大学が、社会学部の学科を独立させて観光学部を開設するまでは、わが国の大学には単独の学部としての「観光」はなかったのではないかと記憶しています。個人的なことですが、僕自身も一九九九（平成一一）年に岐阜女子大学が文学部に観光文化学科を設置することになり、その前年より設置準備に関わってきました（現在は改組され存在していません）。しかし、その時点では学部・学科レベルで考えたときに、わが国で観光を学ぶことのできる大学はほとんどありませんでした。欧米の国々からかつて、経済大国日本は「観光後進国」との揶揄を受けたことがありますが、その一因はここにもあったのでしょう。その後、縁あって京都の学芸出版社から『観光学への扉』（初版：二〇〇八年）を上梓することになったのですが、原稿作成中に調べてみたところ、二〇〇八年現在で学部・学科レベルでは四二の四年制大学に観光関連のものが設置されていました（国立四大学、公立四大学、あとは私立大学）。一〇年足らずで少なくとも一〇数倍以上に増えたことになるのではないでしょうか。観光立国宣言の影響力の大きさを、こんなところからもうかがい知ることができそうですね。

ただし、小泉観光立国宣言前夜にこのような揶揄が流布した本当の大きな理由は、いわば「三位と三〇位の落差」に起因していたのでしょう。すなわち日本は、この頃ほぼ例年年間渡航邦人観光客数が世界で三位であったのに対して、訪日外国人観光客数は三〇位前後にランクされていたという事実がありました。ちなみに、アメリカ合衆国はほぼ両者とも一位でした。当時の世界のGDPの総計が、日米両国でおよそ四〇％を計上していたにもかかわらずです（概数ですが、日一五％で米二五％、まさに二大経済大国であったわけですね）。

国際観光収支からこの事実を考えてみると、日本はさらに切実でした。一九九九（平成一一）年のわが国のそれは、およそ二九四億ドルの赤字でした。それに対して米国は、一四三億ドルの黒字だったのです。

小泉元総理にとっての焦眉の急は、「三位と三〇位の落差」を埋め、そのことによって国際観光収支の赤字幅を是正することにあったのです。そのためのひとつの数値目標として、訪日外国人観光客数を二〇一〇（平成二二）年には倍増し一〇〇〇万人にするということが喧伝されていくことになりました（「観光立国宣言」前夜、概ね四〇〇万人台の後半でした）。その後の政策的努力の結果もあり、数値目標は公約通りとはいかなかったものの、二〇一二（平成二四）年には八〇〇万人台の後半に達していたようです。

こうした政策目標も、またその結果も決してそれ自体は悪いことではなく、むしろ嬉しく明るい話題であったことは否定できません。しかしどんな良いことでも必ず負の部分や影の部分というものが存在します(1)。すなわちそれは、「観光の経済化」が必要以上に拡大解釈化されてしまったのではないかという懸念です。現在の「一億総B級グルメ化・ゆるキャラ化」はその象徴ではないかと思います。

Ⅲ部の扉部分に登場する柳田國男や宮本常一そして司馬遼太郎、みな故人であることはいうまでもありませんが、彼らの懸念と警鐘は現代においても、いや現代においてこそ活きているような気がしてなりません。

観光とは確かに地域社会に大きな経済的波及効果を及ぼすことは事実です。それを否定するつもりはまったくありませんが、その波及効果を過度なまでに目論むと、必ず文化的に負の波及効果をもたらせてしまうような気がしてなりません。

たとえ地域の観光現場の最前線にいて、入込観光客数の増減や観光収支に一喜一憂しなければならない立場にいても、自身の利害を超えて真に地域を愛する人であればそのことは十二分に認識しているはずです。僕の二十数年来の友人のひとりである鱸雅守《すずきまさもり》（旧姓：縄手雅守）さんはいいます。「観光の振興は経済的効用ばかりが強調されがちだが、究極は地域の文化をどう創り上げるかにある。魅力ある地域文化の創造が、次の魅力ある観光地に他ならない。それが多くの人をひきつけるのである(2)」。

鱸さんは現在、足助《あすけ》町観光協会長を務めていますが、もともと福岡県の出身で、観光学部開設よりもはるか以前に立教大学で観光学（当時は社会学部にて）を学んだ人です。大学卒業後は社団法人・日本観光協会に勤務し各地を歩くなかで足助のまち（豊田市との合併よりはるか以前の愛知県西加茂郡足助町）と出会い、足助町の名物職員であった小澤庄一さんの知遇を得て、熱烈なスカウトの結果日本観光協会を若くして辞して足助の人となった、と聞いています。小澤さんは、後に小泉観光政策のなかで「観光カリスマ百選」のひとりに認定された人です。僕が鱸さんと出会ったのはもちろん彼の足助移住後のことですが、根っからの足助人《あすけびと》かと思うぐらいの活躍ぶりだったことは今でも印象深いものがあります。(3)

所与であること、あるいは常在性の大切さ

鱸さんもいうような、魅力ある地域文化の創造が魅力ある地域観光をつくるという視点に立ったときに、考えなければならない大切なこととは一体何なのでしょうか。

僕はその点については、観光を手段と目論みにするのではなく、目的として捉えた文化の結果（成果）として位置づけることが非常に大切ではないかと思っています。直前で、大学教育と観光についての一端を紹介しました。観光関連の科目をカリキュラムの一部に位置づける大学がここ一〇年ほどの間に随分と増えたわけです。しかし、「観光学」には原理原則や定理定則があるわけではないのです。一〇人の担当者がいれば一〇の「観光学」があるといっても決して過言ではありません。5章で溝尾良隆氏と「ご当地ソング」について少し触れましたが、彼は別の著作のなかでわが国の「観光学」について、次のような問題提起をしています。「観光学にも課題は山積みしている。観光学を研究する学者が少ないことが第一。そのため観光が事業として注目されると、他分野の専門家・コンサルタントが跋扈するのも、そのあらわれである。そもそも観光学という学問があるのか、ともいわれている」(4)（下線、引用者）。

他人のことをとやかくいう資格は僕にはありませんし、人の振りみてわが振り直したいと常日頃思っています。しかし溝尾氏のこの指摘は、強く共感してしまいます。とりわけ下線部分を「観光が授業として注目されると」に置き換えたとき、さらにそれが痛感させられます。単発の講演なら面白おかしく上手だけれども、半期一五回の講義となると……という人に残念ながら過去何人か、出会った経験もあります。単発すらできない人もいましたが、もはやそれはひとつのブラックジョークですね。ただそれは、十人十色の観光学に限らず、少なからずの観光現場でも同様のことはいえませんか（しかし、誤解のないようにあえて記しますが、大学の講義に関しては、そんな人が多いというわけでは決してありません。あくまでも、経験稀薄な僕が実体験したなかでの、それもさらに僅少な事例にしかすぎません）。

それはさておき、定理定則はなくとも観光、とりわけ地域の観光を考えるうえで必要なことは、本書の「はじめに」でも記したように、「知（恵）を愛し、地（域）を愛すること」ができる「哲学」でしょう。そしてこれは僕自身の個人的な想いかもしれませんが、それを念頭に置いて聞いてください。

すなわち「観光学」が決して「観光業学」ではなく、自律的な地域観光の実現の支えとなるためにも、「文化政策学」と「公共民俗学」がその導きの糸とならねばならないのではないかということです。

さて二〇一一年三月一一日です。東北地方そして三陸の沿岸の美しい景観は、その数々のインフラとともに壊滅的ともいえる打撃を受けてしまったことは、周知の事実です。そのとき、「今はもう観光どころではない」という声と、一方で「今だからこそ観光でまちを元気にしたい」という声とが交錯するようにして聞こえてきました。

この年に上梓した編著書の冒頭で、観光学を支えるべき地域文化政策の僕なりの定義として次のように記した記憶があります。

地域の（所与の、常在の）文化資源の活用を通して、地域の福祉水準、創造的環境の向上を実現するための公共政策である。そしてそこにおいては、地域の固有価値が尊重され、経済と文化の調和ある発展が具現されなければならない(5)。

確かに文化資源の所与性・常在性のみが必要十分条件では決してないでしょうが、地域観光はこれに始まり、そしてそれが自律性を持つための必須条件はここにあるような気がしてなりません。したがって、観光はその自律性が根底にあれば、復興にも大きな力となるに違いありません。

かつて長年にわたって「文化不毛の地」のごとく揶揄され続けてきた名古屋が（学生時代少なからず名古屋地区出身の同級生がいましたが、彼ら自身も自虐的にそのような謂いをしていたことを思い出します）、二〇〇五（平成一七）年の中部国際空港［セントレア］開港（常滑市）と愛知万博［愛・地球博］開催（長久手市）の前後から急速に名古屋ブームを引き起こしました。

「産業観光」（これについては、後にもう少し詳しく記します）という着想や「名古屋メシ」という付加価値が華を添えた観がありますが、これは極論すれば、江戸幕藩体制期の尾張徳川家以来のモノづくり文化や「大須」に象徴される遊びの文化、そして名古屋商人の手堅さと勤勉性など、まさに「知（恵）を愛し、地（域）を愛すること（愛知）」から生まれた常在性に淵源を持つことを忘れてはならないでしょう。また近年名古屋では、（公財）名古屋市文化振興事業団・（公財）名古屋観光コンベンションビューロー・中日新聞社・名古屋市（文化推進室、観光推進室、歴史町づくり推進室）などが共催、後援団体として名古屋商工会議所、中部経済同友会等、さらには名古屋鉄道やトヨタ自動車等々が協賛する形で、「やっとかめ文化祭」という取り組みが始まっています。「やっとかめ」とはこの地方の方言で、「お久しぶりです」という意ですが、この文化祭を通して「芸どころ・旅どころ・なごや」を示すことを試みているのです。二〇一三（平成二五）年の場合、「まちなか寺子屋」を中心に、一〇月三一日から一一月二四日まで二五日間に渡る「どえりゃ！大規模」な文化行事となりました。

「まちなか寺子屋」について、主催者サイドの「あなたの知らない名古屋が、ここにある。」と銘打ったその趣旨は以下のとおりです。

「芸どころ名古屋の歴史や文化は、町並みや伝統芸能、工芸や文学とともに、名古屋の至るところに息づいています。市内の寺社や観光施設などテーマに縁ある場所を会場に、専門家や講師を招いて、歴史や伝統文化をマジメに楽しむ勉強会が開催されます」（同年一〇月一八日付、中日新聞参照）。全一六回の講座がこの寺子屋で開催されましたが、先に記した「大須」では名刹・万松寺を会場に、「尾張のものづくり」という講座が開かれていました。講師は、尾張木偶師の九代目の玉屋庄兵衛氏と愛知工業大学非常勤講師の横井誠氏のセッションです（「木偶師」とは、わかりやすくいえば「からくり人形師」です。豊田自動織機やトヨタ自動車の動力の仕組みの原点は、ここにあったという人もいます）。

いずれにしても、この文化祭は名古屋の産業観光と文化観光を、都市観光をベースに融合した試みのひとつといえるのではないでしょうか。

そこで今一度、文化の所与性・常在性とは、木に竹を繋ぐような促成栽培では決してないということを覚えておいてください。政治・経済・社会・文化はもちろんのこと、常民の生活史（誌）も含め、歴史を背負うことなくその地域やまちはありえないということ、それが文化の所与性・常在性なのです。そしてその常在性なくして、地域観光の自律性もまたありえないということを今一度確認しておきたいと思います。

観光結果論――観光は手段と目論みか、目的としての文化の結果か？――

常在性を重んじた地域観光は、即効的な経済効果を求める人たちからみれば随分と迂遠な道にみえるかもしれませんね。しかし、それこそが自律的な観光につながるものと僕は信じています。灘中学・高等学校の伝説の国語教師と呼ばれた橋本武（一九一二〜二〇一三）は、よくこういっていたといいます。「すぐに役に立つことは、すぐに役に立たなくなる」と。心に沁みる言葉ですが、地域活性化や地域観光を考えるうえにおいても、それはいうまでもないことでしょう。

「持続可能な観光」という言葉がひところ随所で流布していました。もちろん僕も使用したことはある言葉ですが、一方で流行り言葉化していくことで、なぜか古びてしまったようで、胡散臭く感じてしまうのはどうしてでしょうか。僕は今では「自律的な観光」（決して「自立的」ではありません）という言葉を使うようにしています。「迂遠な道」ということでいえば、もちろん逆の「手近な道」も観光にはあるわけです。極端な例でいえば、通り一帯にいわゆるタレントショップを林立させて空き店舗のシャッターを上げれば、それは実現できるかもしれません。もちろん常在性や自律性とは程遠い手法です。しかし、一時の経済効果としての即効性については、迂遠な道よりはるかに期待できるかもしれません。しかしそれは明らかに、表層的に観光を目論んだもの、そしてその目論みのもとで即効的な経済効果のために手段化したとしか思えないでしょう。

文化の常在性を大切にした観光とは、ある意味でポジティブな結果論だと思います。「結果論ですが……」という文脈はともすればネガティブなものに聞こえますが、ここでいう「観光結果論」は決してそういう意味ではありません。ステレオタイプで観光を考えると、随分逆説的に聞こえる「脱観光的」な観光論ということになります。

僕がそのようなことを考えるきっかけとなったのが、『學都』という金沢発の地域情報誌です。地域情報誌といってもフリーペーパー的な軽いタウン情報誌ではありません。いわば、金沢というまちの常在性に依拠した、喩えていえば〝重厚長大〟型のそれです。金沢については本書でもすでに少し触れましたが、老舗タウン誌が宝庫のように存在するまちでもあるのです。その『學都』のなかで、当時の金沢市長であった山出保氏がとても興味深いことをいっているので紹介したいと思います。

人はよく金沢を観光都市と言いますが、僕は反対です。観光都市というイメージは集客にたけた街であって、そこには深みを求めようとする真摯さがない。だから僕は金沢を学術文化都市といって欲しい。僕にとって観光都市というのは、学術文化を目標にして、それに触れたくて人がたくさん来てくださって、その結果として賑やかになっていく都市なんです。だから観光都市というのは結果であって、目標であってはいかんのです。(6)

もちろんいうまでもなく、日本全国どのまちもが学術文化都市をめざせるわけではないでしょう。それぞれのまちが背負っている歴史や文化には大きな違いがあるからです。加賀藩前田家の金沢は、幕藩体制期において「天下の書肆《しょし》」と称されました。さらに、九谷焼や加賀蒔絵、金箔細工などに象徴される伝統工芸から加賀宝生などの伝統芸能、美術品のような和菓子の数々、加賀野菜や北陸の海や川の恵みをあしらった料理群（それは高価な大名料理から庶民の生活を支えたそれに至るまで）等々、主役からバイプレイヤーまでが、まさに学術文化都市としての役割を果たしてきたように思われます。

近代以降も、例えば「東洋のイートン」あるいは「大日本帝国の贅沢品」とまで称されたわが国の旧制高等学校のなかでも、とりわけ難関といわれた「ナンバースクール」のひとつとして、一八八六（明治一九）年に第四高等学校が兼六園にほど近い繁華の地・広坂通りに面して開校されています（金沢随一の繁華街ともいえる香林坊に隣接しています）。これは、第一高等学校と同年のことです。金沢の人々にとってそれは大きな矜持となりました(7)。もちろん、現在の学校制度下においてはこうした「高等学校」は存在しません。戦後学制の下で発展的に改組され、新制大学（とりわけ当時は「教養部」として）に生まれ変わります。したがって第四高等学校は、金沢大学となります。ちなみに第一高等学校は、東京大学（駒場）となります。なおこの第四高等学校の校舎は現存し、「石川近代文学館・石川四高記念文化交流館（博物館）」として再生活用されていますが、そのことについては後に少し触れたいと思います。

先に記した『學都』という地域情報誌の創刊とその命名も、この第四高等学校に対する矜持から生まれたものではないでしょうか。創刊号の表紙写真は、高い天井を持つこの学校の校舎の廊下があしらわれていました。参考までに、僕が撮影した廊下を掲載しておきましょう［11］。

11　石川近代文学館内部廊下。左手の旧教室は各展示室に

こうして金沢が現在に至るまで、地方都市として独特のトポス性を有しているのは、このように鍛錬された文化の結果であり、学術文化都市という山出氏の想いもここから推し量ることができるのではないでしょうか。ちなみに、現代の金沢のひとつのランドマークのようにして評価される「金沢二一世紀美術館」の創設を積極的に推進した、時の市長はこの山出氏でした。なお、彼は最近『金沢の気骨―文化でまちづくり―』（北國新聞社、二〇一三年）という著作を上梓しています。功為し名を遂げた著作とみる向きもあるかもしれませんが、金沢生まれで金沢大学卒業後に金沢市役所入庁

という、まさに良い意味での叩き上げ、後に記す「努力発国光（努力して国の光を発せん）」を地で行く人が書いた著作として一読する価値はあります。また「金沢というトポス」（この点についても、改めて記すことにします）を、この著書から感じることもできそうです。

ただひとつ誤解を招かないために念を押しておきたいと思います。直前において、「それぞれのまちが背負っている歴史や文化には大きな違いがある」という表現を採りました。しかしそれは、金沢と他のまちとの間で優劣をつけるという意味では決してありません。

地域文化や都市文化に限らず、おおよそ「文化」は優劣や速さなどをつけうる性格には馴染みません。そこが「文明」との違いのひとつですね。A君とB君というふたりの人間に喩えてみましょう。一〇〇メートルをともに走ってもらった結果、A君は一一秒で走り、B君は一五秒かかったとしましょう。その瞬時、そのとき、その尺度においてはA君の方が勝っていた（優れていた）といえるかもしれません。次に、A君はとても野球を得意とし、将来はプロ野球でドラフトにかかるかもしれないほどの能力の持ち主としましょう。一方でB君は野球どころかスポーツはまったく不得手で、しかし音楽の才能にはとても恵まれていて将来は有能な作曲家になることが期待されているとしましょう。「野球のA君と作曲のB君では、どちらが優れていますか？」という馬鹿げた問いかけをすることと文化に優劣をつけようとする行為は似ているのです。

すなわち、互いのあるいはそれぞれの差異を認めそして尊重し、その差異と違いを個性・固有価値として伸ばし、継承しさらに新たな創造へと向かっていくべきものが文化なのです。どれもが同じ尺度で考え、同じようなことをしている限りまちつむぎと観光はありえません。

例えば足助と金沢は、その歴史的来歴や文化的経緯が違うからこそ互いの差異と個性が生まれ、その結果として観光文化の違いに愉しみを与えうるのです。足助が金沢と同じことを目論んでいたとしたら、あるいは金沢が足助と同じ企みをなしていたとしても、それではいずれも今のふたつのまちはなかったに違いありません。

文化を単に経済の手段にするのではなく、目的として大切にすることで初めて継承と創造を重ねることができるのです。そこに歴史があり、その歴史のなかでこそ文化は重層性という厚みを増していくことができるのです。観光という行為もまた同様ではないでしょうか。

今一度、自らのまちを旅してみよう

学生時代に読んだ本のひとつですが、作家の吉行淳之介（一九二四〜一九九四）の『街角の煙草屋までの旅』というエッセー集がありました。残念なことにその本は紛失してしまい、今はどこにあるのかもわかりません。当時はハードカバーで出ており僕はそれを買い求めたのですが、幸いなことにその後は講談社文庫版（一九八一年）、さらには講談社文芸文庫版（二〇〇九年）で読むことができるようになりました。僕は再度、講談社文庫版で購入しました。しかし今は書店での入手は困難で、古書で買うしかないでしょう。当時はもともと、タイトルそのものに惹かれて読んだのですが、吉行はアメリカの作家ヘンリー・ミラー（一八九一〜一九八〇）の着想にヒントを得ながら「街角の煙草屋まで行くのも、旅と呼んでいい(8)」といいます。

このエッセー集がきっかけとなり、遠くに出掛けることだけが旅ではないのだということを、僕はそのとき認識することができたように思います。初めての伊良湖行を実現した二〇歳の頃のことです。そして併せその頃に、あの喜劇王の藤山寛美は、近くの店に煙草を買いに行くときも背広に着替えてネクタイを締めていくらしい、という噂をどこかで聞きました。

今の僕が観光や旅について考えることを仕事の一部とすることになる発端は、しかも「脱観光的」観光のススメ……などと背負ったことをいい、大学などでも「定番的な観光論的講義」を拒否している（適切ないい方とは思いませんが）動機の発端は、その遠源を辿ればもちろん1章で述べたとおりです。すなわち中学三年生のときの恩師との出会いと、それに起因して読んだ「遊海島記」。そしてそれをわかりやすく補足してくれたのが、潜在的な無意識のなかにおいて記憶に残ることになった作家のエッセーと喜劇王が残したエピソードであったのかもしれません。

さらに自己のなかでそれらと結びついていったのが、古代中国の思想の故事成語ともいえる一節でした。そのなかには、高校生の頃に「漢文」の授業ですでに記憶の底に澱むようにして残されていたものもありますが、三つの文章を紹介しましょう。

① 「近くのもの説《よろこ》びて、遠くの者来れり」（近説遠来）
② 「国の光を観る」（観国之光）
③ 「努力して国の光を発せん」（努力発国光）

最初のものは、孔子の言行録ともいえる『論語』からの一節です。そして、②③については俗にいう「四書五経」のひとつである『易経』に依拠しています。①の意味するところを意訳すれば、「そのまちに住んでいる人が先ず楽しく心豊かにくらすことができてこそ、他のまちからの来訪者にも恵まれるのである」ということになるでしょう。

『易経』からの二節ですが、そのまえにこの書が有するメッセージのひとつを、僕のこの本の文脈に絡めてあえていうならば、「まちつむぎのための風水思想」ということになるでしょう。風水思想とはまちの方位学であり、そしてまた、まちのトポロジーと比しつつ考えることができるのではないでしょうか。

そこでまず②についてです。これは「観光」という日本語の語源となったものともいわれています。もともと大和言葉にはなかったこの語の初見は、江戸時代末にオランダ国王のウィルヘルムⅢ世が時の将軍の家定（一三代）に軍艦二隻を贈呈したことに端を発します。和船名を命名する際に、一隻は「観光丸」と名付けられ、もう一隻は「咸臨丸」と命名されたのです。「国の光を観る」とは、単純にいえば「国威発揚」ということで家定の意図もそこにあったのかもしれませんが、本来意味するところは実はまさにまちつむぎの要諦ともいえる部分を含意しているのではないかと思います。

「国」とは「地域」と考えていいでしょう。そして「光」とは地域固有の文化資源です。また「観」には、ただ茫然・漠然と受動的に見るのではなく「心を込めて観る・観つめる」そしてそこから何かを学び取ろうとする能動的な視点を感じます。まさに「観察」の「観」です。そしてさらにはそれ以前の前提として、「観」には「示す」という意がこの文脈のなかであったといいます。地域の文化資源を「示す」ことができるのは誰か。まずはそのまちに住まう人をおいてほかにはありえないのではないでしょうか。自らのまちを観光することから、観光が始まるゆえんです。そしてそれがあって初めて余所の人が観て学ぶことができるのです。孔子の言葉ともつながっていくのを感じるのではないでしょうか。

最後に③です。ここにいう「光」とは「文化資源」のなかでもとりわけ「人財」を指し示しています（地域の文化資源とは、ハード・ソフト・ヒューマンにまたがるということはすでに5章でお話ししたとおりです）。地域のなかの有能な人財を「発見・発掘」して彼らを育成していくことの大切さをこの一節は求めているのです。

このことは、地域の真の意味での内発性(9)を求めるものでもあり、無意識のうちにもその内発性を拒否しあるいは顧みないところには、地域の自律的な観光ももちろんありえないでしょう。Ⅱ部の扉に記した夏目漱石の箴言は、ここにもまた活きてきそうですね。

中国の古典思想に基づく三つの故事成語は、自らのまちを旅することから観光が始まり、それが自律性ある地域観光の原点であるということを現代においても教示し続けているのです。そしてさらにいえば、地域の文化の継承と新たなる創造をめざすためには、その内発性を的確な発露としつつ展開されるべき文化政策においてこそ、再確認され敷衍されていかなければならない考え方であると思います。

8章　「脱観光的」観光のススメ

それは単なる言葉遊びではなく……

理屈っぽい人は世の中にたくさんいます。また若い研究者の卵を自負する人のなかにもそういう人は少なくないでしょう。それはある意味でとても良いことですが、時として彼の（彼女の）ディスクール（言説）は、言葉遊びに終わってしまうこともあります。

これから記すことは、読む人によっては言葉遊びにすぎないと笑う向きもあるかもしれません。しかし、そういって笑う人の多くは、実は意外と理屈っぽくない人が多くて、それはそれで面白いことですね（つまらぬ言葉遊びをしてしまったようです）。

冗談はさておき、これから言葉の前後を置き換えた語句を三つ並べてみたいと思います。そしてそのうえで、それぞれの違いをゆっくりと考えてみてください。

「観光産業と産業観光」「観光都市と都市観光」「文化産業と産業文化」

さあ、いかがでしょうか。今までこの本のなかで僕がお話ししてきたことを理解してもらっていれば、なんとなくでもそのニュアンスの違いのようなものは、決して言葉遊びとしてではなく、わかるのではないかと思います。文化（政策）を考えるということは、言葉を大切にし、その意味するところを考えることも重要なテーマとなります。

そこで次にこの三つの言葉について、あっちこっちと寄り道をしながら、もう少し話を続けてみたいと思います。

観光産業と産業観光

小泉観光立国宣言以降、「草木もなびく観光」がブームのようにして湧き起こったわけですが、実は比喩的にいえば、草木もまた観光の対象となるわけです（これは、若干の言葉遊びでしょうか？）。すなわち、扉部分に引用した宮本常一の言葉を今一度記しましょう。

観光資源というものはいたるところに眠っておるものです。それを観光対象にするしかたに問題があるのだ。(10)

しかしブームになればなるほど一方で、「観光、観光というけれどうちのまちには何もないから」「うちのまちでも役場なんかでは最近観光に力を入れていますが、儲かるのは観光を生業としている業者だけで私たちにはあまり関係ないですよね」といった声を実際に耳にしたこともありました。鳥取県のある小さな村でゼミ生たちとフィールドワークし、農業に従事する何人かの年配の方々から聞いた話です。

観光とは表に現れた華やかなレジャーのイメージのみで語ってはいけないのです。またいわゆる第三次産業の分野、そしてそれに従事する人のみが観光に関われればいい、あるいは関わっているというわけでは決してありません。こうしたステレオタイプともいえる考えに拘泥してしまうと、究極的には観光の場とは極めて限られたものになってしまいます。

先に観光業学という、ともすれば誤解や語弊を呼ぶような言葉を使いました。しかし観光学が観光業学を超えて、すなわち単なるノウハウの伝授や表層的な技術論を超えて、本当の意味での学問であるためには（真の学問とは何か、というのもまた難しい問題ですが）、「第六次産業」として社会を俯瞰する眼が必要となってくるのです。ちなみに「第六次産業」という呼称は、最近では領域を超えて広く深い産業連関の必要性から、基礎自治体においてもそれを好んで使用するところも少なくないように思います。しばしば僕のゼミでもフィールドワーク先のひとつとして訪れることの多い近江八幡市（滋賀県）でも、産業振興課を中心に地域経済の「第六次産業化の促進」を進めています。

僕自身はとりわけ地域観光の視点から、やはり随所で観光の第六次産業化の視点の必要性を強調してきたつもりです。ある地方銀行が発行している月刊の経済誌に寄稿した拙文を、少し長くなってしまいますが、そのまま引用してみたいと思います。

……観光とは「第6次産業」であるということだ。現実には、中学生も学ぶ経済学の基礎において、産業は古典的には「第1・2・3次産業」までで終わる。「観光業」は基本的には「第3次産業」の範疇に分類される。だが、地域を幸福にするための観光は、「第1次産業」「第2次産業」も豊かでバランスのとれたものであればこそ実現も可能となる。「小泉観光立国宣言」以降、いろいろな基礎自治体を歩き地域に暮す人たちと話をする中で、「観光といっても、わたしたちのまちには何もないから」とか「観光でまちが賑わっても、恩恵を受けるのは観光業者だけだからね」といった言葉を時折耳にしてきた。それはまさに、「観光業学」にとらわれた着想であるといってよい。それに対して、「観光学」とは、すべての産業分野を視野に入れた「第6次産業」に基づいた、地域の人々の命と暮らしを大切にしたものを目指すことが要諦となる。そしてさらに「第6次」とは、「1＋2＋3＝6」ではなく「1×2×3＝6」を目指すものでなければならない。足し算であれば一つぐらい欠けても数式は0にはならないが、掛け算は一つでも欠ければ数式は0となってしまう。0となれば地域の産業は成り立たない。そんな緊張感をもって、地域は観光に取り組んでほしいと思うのである。そして、これもしばしば聞かされる謂いであるが「いかにして観光客に金を落とさせるか」という極めて浅薄な「観光業」の発想は、厳に慎むべきであると思う。（もちろん、学術的で重みある「観光業学」の発想もあるわけではあるが）迎える側は、自らの文化をいかに示しそれを来訪者との交流に導いていくかという発想がまずない限り、地域経済への持続する波及効果も望めないということを改めて肝に銘じるべきである。とりわけ東アジアからの来訪者を迎えようとするときには、こうした発想と心構えを大切にするべきではないだろうか[11]。

いずれにしても、観光産業というと狭義なものとして第三次産業的に捉えられてしまいますし、確かに原則的な分類ではそうなるかもしれませんが、観光という行為を支える産業はすべてに渡り、その意味では極めて第六次産業的であるということを認識したいと思います。

さて一方で、「観光産業」という言葉を入れ替えた「産業観光」とはどういう概念なのでしょうか。実は少し後で記すことになる「産業文化」という言葉とも大きく関わりを持つものなので、そこで併せて記してみたいと思います。ただ一言だけ、まず伝えておくことがあるとすれば、とりわけ狭義の第三次産業である「観光産業」からは、おおよそ縁遠く思われてきた第一、二次産業にこそ、より豊穣な文化資源や観光資源が潜在している可能性があるのではないかということです。もちろん、第三次産業においてもそれが「産業観光」に関わることはいうまでもありませんが。半分冗談めくかもしれませんが、最近流行ったTBS系のテレビ番組のひとつである「半沢直樹」などは、まさに銀行の世界（第三次産業）を通した産業観光（メインはロケ地観光であったかもしれませんが）への誘いであったといえなくもありません。同じ年（二〇一三年）にヒットしたNHKの朝のテレビ小説の「あまちゃん」は、「産業観光」という視点からいえば、さしずめ第一次産業をベースに展開されて、東日本大震災の被災地域にその観光的波及効果と勇気を与えたといえるでしょう。

観光都市と都市観光

先に前金沢市長の山出保氏の「金沢を観光都市と呼んでほしくない」という意の発言を紹介しました。それを手がかりにしながら、この表題にある二つの言葉の差異について考えてみませんか。

そこでまず「観光都市」とは、ということから考えてみましょう。当然のことですが、これについて明確な定義があるわけではありません。「年間入込来訪者数が……万人以上のまちを観光都市と呼ぶ」などといったいい方もとてもナンセンスです。すなわち、計量的に測れる概念ではないわけです。わが国を代表する観光都市のひとつとされる高山市（岐阜県）を例に採ってみましょう。「飛騨の小京都・高山！」というイメージで喧伝され、県都である岐阜市よりもともすれば知名度が高いのか、関東の方のテレビ番組のなかで「高山市は何県にありますか?」と問われて、「飛騨県」と答えた人がいたという話を聞いたことがあります。僕たちには観光という現象について、イメージに呪縛されイメージで語り語られるということが時としてあるのではないでしょうか。客観的にみえる数値、計量的な部分のみで観光を語ることの弊ももちろん少なくなく、そこがまさに観光が持つディレンマのひとつなのかもしれませんが。ちなみに、岐阜県内の市町村の年間入込来訪者数の上位（三位まで）はほぼ例年、岐阜市・土岐市・高山市の順となっています。四位はこれも例年、郡上市（いわゆる郡上八幡です）ということになるようです。

さらに解説すれば、岐阜市は県庁所在地であるが故に一位となるのは他の都道府県も同様でしょう。土岐市が二位となるのは今流行りのアウトレット・モールの存在が大きいのです。高山市が、岐阜県どころかわが国屈指の「観光都市」であることに僕たちが首肯するのは、決して計量的な要因だけで考えているわけではないということがわかるひとつの理由です。しかし、旅や観光に関連するテレビ番組や雑誌などのメディアを通して全国に報じられる機会が岐阜県で最も多いのは、高山市を中心とした飛騨地方です。これがイメージを増幅させ、「観光都市」化させていることも否定できません。

そこで次は「都市観光」についてです。高山市と比して「観光都市」というイメージが相対的に希薄な岐阜市は、やはり「都市観光」という視点からみても、相対的に高山市と比べたときに、愉しみの度合いは減じてしまうのでしょうか。

決してそうではないと僕は思います。視点を少し変えてみたら、「都市観光」の素材の豊饒さは、岐阜市は決して高山市に対して卑下されるものではないと考えます。かつて、僕が岐阜市に住んでいた頃に、都市観光についてアーバンリゾートという概念を使いながら書いた論文があります。その一部を俎上にのせてみましょう。

……アーバンリゾートとは、先ず他ならぬその地域や街に生活しあるいは職業を得ている住民・市民が、こうした地域環境のなかで、リピーターとなって寛ぐことができ、自分たちの街を語り、かみ締めることによって、心の豊かさやゆとりが実感できるような場でなければならない。それであってこそ初めて、その場所は他の地域の人々や観光者（観光客ではなくあえて、観光者といおう）をも引き付けてやまない真の〝観光〟のための場となるのではないだろうか。[12]

ここでいう「こうした地域環境」とは、この本文の直前で僕は次のように記しました。「……地域とは、自然環境を土台にそこに育まれてきた歴史的環境（伝統）と、歴史の流れのなかで紡ぎだされてきた社会経済的環境（地域経済、地場産業など）、そしてそれらを支えてきた（いる）人的環境という四つの環境によって成り立ち、これらが調和的に展開・発展していくことが地域文化にとっての生命線となる……」[13]。

このように考えたときに、今改めて7章で紹介した孔子の言葉「近説遠来」を想起してください。これは、都市観光について考えるうえでも大きな重みを持つ言葉であるということがわかります。

さて上記論文はまた、まちなみの保存と都市観光の関係性についても言及したものなのですが、Ⅱ部5章のなかで岐阜市と岐阜提灯と川原町地区について触れました。この地区は高山市の上三之町地区などに代表されるまちなみと比して、知名度は低いかもしれませんが、観光客向けに設えられた安易な土産物店はほとんどありません。しかし、長良川に面し鵜飼船の行き交う風景を楽しみつつ、材木問屋や岐阜団扇を商う町家、老舗和菓子店の点在を眺め、「川原町家」と称されるカフェのあるコミュニティスペースなどでくつろぐことができるこのエリアは、くらしを感じ取ることができる「アーバンリゾート」の場といえるのではないでしょうか。

文化産業と産業文化

昨今、「文化産業」という言葉がよく使われています。カタカナ語にして、クリエイティブ産業と称されることもあります。さらにそれに類する語といって良いかもしれませんが、コンテンツ産業という言葉も一種の流行語となった観があります。クール・ジャパンという言葉なども同系列で語られることが多いですね。クール・ジャパンとは、すなわちカッコイイ・ニッポンという意ということでしばしば理解され、アニメやゲームにJポップさらには風俗としてのオタク化現象などはしばしばその具体的な事例（「現象形態」、という難しそうな語を使ってみましょうか）とされたようですね。すなわち、アニメやゲームなどをコンテンツという概念において中心となる現象形態として捉え、「コンテンツ産業＝クリエイティブ産業（文化産業）⇒クール・ジャパン」という少し狭義な理解の仕方が、とりわけ若い世代の人々の間では多かったのではないかと（僕自身実証ではなく実感としてですが）、これらの言葉が流布し始めた一〇年ぐらい前から印象的に、そう思っています。

しかし、上辺のカッコよさだけが「文化産業」ではありません。一昔前に「軽佻浮薄」「軽薄短小」という言葉が流行りましたが、カッコよさだけを追っていたら、「文化産業」は「軽佻浮薄」「軽薄短小」なものとなってしまいます。語弊を生む可能性も高い逆説的ないい方になるかもしれませんが、「文化産業」には「重厚長大」性も必要なのではないでしょうか。もちろん、決してそれはハコモノつくりを意味するわけではありません。

今から二〇年以上前の一九九二（平成四）年のことですが、青木保氏の次の指摘が印象に残ります。

いまや「情報化」と「文化」の関係を本格的に追及すべきときがきたと思う。……曖昧だが使わずにはいられない「文化」を重宝がるだけでなく本格的にその重みを追求するときがきている。「文化」はいまや「ソフト」なものではなく限りなく「ハード」になりうるものなのだから。(15)

どうでしょうか、二〇年前のものとは思えないでしょう。今も、いや今だからこそなお光彩を放つ箴言に思えて仕方ありません。

そしてそれよりもさらに以前に、日下公人氏がある一冊の著作を上梓しています。『新・文化産業論』（一九七八年、東洋経済新報社）がそれです。個人的なことをいえば、一九七八（昭和五三）年といえば僕はまだ大学生でした。この時代においてエコノミストのそれとしては、周囲からみればかなり異色な著作だったと思いますが、僕自身はあまり違和感を覚えることはなかったように記憶しています。むしろそれは、旧態依然としていた既成の経済学に違和感を覚えていたからかもしれませんが。この本は後に文庫化され（一九八七年、ＰＨＰ文庫）入手しやすくなりましたが、おそらく現在では残念ですが古書等で買うしかないでしょう。その文庫版の帯には、「時代の変革を見抜く話題の名著」と銘打たれていました。昭和の晩年の頃です。そしてやがて平成の初頭ではバブル経済の全盛期を迎え、文化は「軽チャー」とまで揶揄され、上に記した「軽佻浮薄」化の上澄み液のごとく世間を跋扈していくようになったのです。

日下氏はこの著書のなかでもいみじくもいいます。「文化欲求というと軽佻浮薄のごとく思う向きもあろうが、その根源にさかのぼって考えればけっしてそうではない」[16]。

先の青木氏の指摘と互いに通底するところがあると思いませんか。今の若い人たちは、そのお父さん世代（お祖父さん世代？）であるこの文化人類学者とエコノミストの言葉を今一度傾聴すべきだと思います。ただもちろん、若い人たちも捨てたものではありません。先日、僕が担当している学生の郭育仁君は（同志社大学大学院総合政策科学研究科の博士後期課程に在学中の学生で、台湾から留学し一〇年近くになります）、奇しくも「こんな面白い本をみつけました」と、日下氏のこの文庫版を持ってきてくれました。僕が指示したわけではまったくありません。

ここで改めて「観光」について考えても、同じようなことがいえるのではないでしょうか。戦前戦中のわが国のスローガンのひとつともいえた「欲しがりません、勝つまでは！」という言辞などはまさに「観光」という言葉を人々に誤解させた、A級戦犯だったと思います。

「観光」とは消費、お金を使うどこか後ろめたいもの、というどこか後ろめたさを伴う印象が人々の間に、少なくとも高度成長期の中半頃まではあったような気がします。第二次世界大戦の敗戦国となり貧しかった日本(人)が、「パンのみに生きよう」としていた時代です。したがって「観光」というまさに文化の現象形態のひとつである行為は、「軽佻浮薄」なものと考えられてきたのではなかったでしょうか。大学や学問の世界で「観光」がなかなか認知されなかったことの遠い一因もここにあるのではないでしょうか。

その後豊かさを覚えたわが国は、「大人買い」をするかのように「文化」を貪《むさぼ》ってしまい、昭和でいうと四〇年代にはヘルスセンター(今でいうスーパー銭湯の元祖のような部分もありますが、大衆演劇やゲームコーナーなどが大きな売りでもありました)やテーマパーク的遊園地が各地にまるでコピーされた「複製文化」のように乱立して、それがすなわち観光という印象を刻印してしまったのではないでしょうか。

そこで「複製文化」に絡みながら、ひとつさらに参考になる思想書を紹介しておきましょう。ドイツ生まれ、フランクフルト学派(17)の思想家で、ヒトラー政権下にアメリカ合衆国に亡命したM・ホルクハイマー(一八九五〜一九七三)とT・アドルノ(一九〇三〜一九六九)による『啓蒙の弁証法』がそれです。岩波文庫版の邦訳が二〇〇七(平成一八)年に発刊されて入手しやすくなりましたが、原著は一九四七(昭和二二)年のものです。すでにこの時代にこのなかで、複製文化と文化産業に対する警鐘が鳴らされることになります。日下氏の著書と青木氏の論文とを併せ読み比較考察するのも一興です。

映画やラジオはもはや芸術であると自称する必要はない。それらが金儲け以外の何ものでもないという真理は、逆に金儲け目的につくられたガラクタを美化するイデオロギーとして利用される。映画やラジオは自ら産業と名乗り、映画会社や放送会社の社長の収入額が公表されると、出来上った製品の社会的必要性についての疑念などは、どこかに吹っとんでしまう。関係者たちは、文化産業を好んでテクノロジーの観点から説明したがる。その言い分によれば、何百万もの視聴者を相手にする以上、文化産業は複製方式をとらざるをえない。そうなれば、無数の場所で同じ需要に応えるためには規格製品を供給するしか道はない、ということになる。(18)

どうですか、「文化産業」を「観光産業」に置き換えても、妥当しそうな箴言ではないでしょうか。

さてそこで「文化産業」の文字を転倒させて「産業文化」について考えてみましょう。文化が「限りなくハード」になりえるために、そして「文化産業」が本当の意味でわが国のリーディング産業となるためにも、その基軸のひとつともいえる「産業文化」への視座を忘れてはならないのです（「産業」というとモノづくりのイメージが強いのは事実ですが、もちろんせっせと励んでハードをつくれ、という意味では決してありません）。

「産業文化」とは、「産業」を取り囲む「文化」の諸形態なのです。実は次章で、「まちとトポス」について記すつもりなのですが、「産業」にとってそれを囲む「文化」は、ひとつの「位相」だと思います。後の「まちとトポス」と併せ考えてみてください。

そしてそうであればこそ、「産業文化」を大切な資源とした「産業観光」が成り立つのです。

そして今一度の産業観光

以上を踏まえながら、本章「観光産業と産業観光」の節に記した産業観光について、念を押すような形でまとめましょう。「産業観光」とは「産業文化」を文化資源・観光資源と捉えて展開される観光の営為です。僕は個人的にはこの「産業観光」という観光の在り方に非常に惹かれ、魅力を感じています。それゆえに、何冊かの拙著をはじめ随分随所でこれが有する考え方や事例について語ってきました［12］[19]。

大企業であるか中小企業、中堅企業であるかを問わず、あるいは、伝統的な地場産業から近代的・現代的なハイテク産業に至るまで、広く産業の現場とそれを取り巻く時間と立地空間が観光の対象となるのです。わかりやすく換言すれば、産業の現場の過去・現在・未来とそれが依って来た（依っている）場所がすべて観光対象となるのです。

またさらにいうと、いくぶん精神論的になるかもしれませんが、地域の生業に対する矜持の念（誇り）が産業観光を支持し支えているのです。

12　岡崎信用金庫資料館

7章でわが国の「産業観光」にとってのキーワードとして名古屋について記しました。かつて僕が学生だった頃に、「名古屋は文化不毛の地」と揶揄されることが多いと、名古屋出身の同級生が半ば自虐的に嘆くのを聞いた記憶があるということは先にも記しました。今でこそ、地域の自虐的PRで地域を発信しようという試みをみかけることもありますが[20]、この頃の名古屋を巡る言辞は決してそういう意図からのものではありませんでした。

二〇〇〇（平成一二）年前後からのことですが、愛知万博［愛・地球博］の開幕や中部国際空港［セントレア］の開港（ともに、二〇〇五年）がいよいよカウントダウンになろうとする頃に、当時JR東海会長であった須田寛氏らが中心となって推進を試みたのが、「産業観光」だったのです。本州のほぼ中央という地の利の良さもももちろんですが、なんといってもわが国のモノづくりを牽引してきた場所としての愛知東海圏の誇りをここで改めて顕彰し、訴えていこうとする想いがここにはあったのだと思います。まさに「国の光を観る」ために。

9章　まちとその位相、あるいはトポスとしてのまち

まちにとってのトポスと地元学

トポスとは難しそうな言葉ですね。本文中では詳しい解説を施すことなく数度使いました。「はじめに」では、「トポス……喫茶店……場所性」という文脈で使いました。そこから類推してもらえれば、何らかの「場所性」あるいは「場所が持つ意味性」かな（?）ということに気付きます。単に機能的かつ機械的な場ではない、あるいはどこにでも同じような顔を出す画一的な場所のことではないということです。喫茶店ということでいえば、例えば京都は高瀬川沿いにある「ソワレ」[13]や「フランソア」[14]は他のどこにも存在しない唯一無二のトポス性を持った喫茶店です。一方全国でチェーン展開され内装がどこもすべて統一された喫茶店もありますが、それは単に立地条件とそれに起因するであろうマーケティング能力を期待した経営サイドの思惑が強く、ここにあるからということでのトポス性はなかなか感じづらい部分があります（具体的な店舗名は挙げにくいのですが……）。I部のコラムで紹介したスターバックスコーヒーではそうしたなか、店舗によっては周囲の環境を考慮しながらのトポス性を顧客

13　喫茶ソワレ

14 喫茶フランソア

15 スターバックスコーヒー・金沢エムザ口店からみる近江町市場

が見出してくれるのではないかというほのかな思いを感じ取ることができるところもあります。【コラム①】内で記した彦根店や、あるいは2章のなかで紹介した、金沢の百万石通りと近江町市場に面したエムザ口《ぐち》店［15］、また京都の三条大橋店などもその例でしょう。

僕が高校生の頃から喫茶店やカフェを愛用しているものですから、このような例で話しましたが、かえってわかりにくくなってしまったかもしれません。

そこでもともとギリシア語に語源を持つトポス（topos）について、もう少し学問的な視点によりながら考えてみましょう。

しかしその前に、少しだけの余談をします。4章で紹介したVAN（ヴァンジャケット）の総帥であり、服飾評論家でもあった石津謙介が提案し、流行させた言葉のひとつにTPOがあります。それぞれの頭文字を取った略語ですが、Time・Place・Occasionに由来します。時と場所と機会を大切にし、それをわきまえることが単に服装にとどまらず、男の流儀だ、と石津は主張したのです。Toposとは直接に関係のない石津の〝造語〟がTPOですが、なぜか通底するようで面白いと思いませんか。

さて、ギリシア語のtoposに話を戻したいと思いますが、ここで滔々と古代ギリシア哲学を論じるつもりはありませんし、僕にその能力ももちろんありません。そこでこの章に即した内容で、まちの文化や観光を土俵にして考えてみたいと思います。
手元に一三年前に入手したある書籍があります。『金沢学⑨　トポス・オブ・金沢―伝統都市の場所性をめぐって―』（櫛田清編著、前田印刷出版部、二〇〇〇年）がそれに当たります[16]。「金沢学とは何か」という疑問が先に立つかもしれないのですが、それについてはすぐ後に記すことにします。この著作の編者である櫛田氏は冒頭で「トポス」について、このように記述しています。

トポス（TOPOS）とは、ギリシャ語（ママ、引用者）で「位相」をさし、トポロジー（TOPOLOGY）の立体幾何学では「物体の周期運動中のある一点のもつ空間的、時間的な位置」がもつ相対的意味と理解される。従って「都市のトポス」とは、特定の都市のもつ地勢的、地形的空間のもつ場所的価値の内容や、その都市が現時点でもつ歴史的で時間的な可能性の予測内容をもさすのであろう。つまり、物理的空間と歴史的時間も含めた「特定の都市のもつ場所的」特性をさすことから、一般に「場所性」と訳されている。（上掲書、六頁）

いかがですか、よく味わって読みつつ、具体的に身近な場所やまちを想定しながら考えてみてください。なるほどというまちもあれば、トポスについて考えるうえで反面教師のように思える場所もあることがわかるのではないでしょうか。僕にとって、最初にトポスを感じたまちとはおそらく金沢であり、その経験の一部を通してもう少し具体的に、文化と観光の問題を踏まえつつ考えることができればと思います。

16『金沢学⑨　トポス・オブ・金沢―伝統都市の場所性をめぐって―』

17　松江大橋からみた大橋館と大橋川

18　大橋館がかつて富田旅館であったことを示すモニュメント

金沢にトポスを感じたとき——音、香り、思想あれこれ——

僕が金沢を最初に訪れたのは、初めての伊良湖・神島行の翌年、一九七七（昭和五二）年八月下旬のことでした。奇しくもというか、この旅は伊良湖出身の後輩を伴っていました。松尾芭蕉（一六四四〜一六九四）が『笈の小文』（一六九〇年頃成立）の旅の際に伊良湖を訪れ、そこで幽閉中の身にあった弟子の杜国と面会したときに詠んだ句が、「鷹ひとつ　みつけてうれし　伊良湖崎」であったことはあまりに有名です。

金沢行のなかで、僕は冗談で「鷹ひとつ　ともないうれし　浅野川」というパロディを発して、後輩と笑いあったのも遠い昔のことです。駄句はさておき、僕はその浅野河畔で音を通して金沢を感じました。その金沢の原体験が以降、僕のなかで金沢を感じ続けることができる大きな一因となっていきます。旅や観光を称して sightseeing と訳すこともありますが、音を聞くこと、音を感じることも重要な要因となることを忘れてはいけません。そしてそれは、まちのトポスについて考えるうえにおいても重要な要素となります。

また余談となりますが、ラフカディオ・ハーン（小泉八雲、一八五〇〜一九〇四）が松江中学（旧制）の英語教師に就任するために松江にやってきたのは、一八九〇（明治二三）年八月三〇日のことです（当時の明治国家は、近代化を焦眉の急としており、多くの「お雇い外国人」を様々な分野で登用しました)。彼がこのまちで最初に投宿したのは、宍道湖に臨む大橋川、そしてそこに架かる松江大橋のたもとの富田旅館(現在は大橋館)でした[17][18][19]。ハーンが早朝に聞いたのが、道行く人の鳴らす下駄の音だったといいます。名文で知られる彼の著作のひとつ「神々の国の首都」(『新版 日本の面影』所収、角川書店(角川ソフィア文庫)、二〇〇〇年)は、冒頭から一〇ページ近くにわたって「松江の音」にこだわり続けています。「松江の一日は、寝ている私の耳の下から、ゆっくりと大きく脈打つ脈拍のように、ズシンズシンと響いてくる大きな振動で始まる。……(中略)……柏手が鳴り止むと、いよいよ一日の仕事が始まる。下駄のかしましい音が、橋の上で段々大きくなってゆく。その大橋川の下駄の音は、一度聞いたら忘れることができない。……」(同上書、七三~八〇頁)。

確かに片方の目の視力が不自由であるが故に、人一倍耳が研ぎ澄まされていたということがあったとしても、「松江の音」は生涯彼の心に残り、彼にとってのトポスとしての松江は、音から刻印されたのが最初の経験であったのかもしれません。

19 大橋川と松江大橋，その後方が宍道湖，右方は早朝に蜆漁をする小舟

ちなみに、ハーンはギリシアに生まれ、アメリカ合衆国でジャーナリストとして活躍後に来日します。松江での教員生活の後に熊本の第五高等学校で教鞭をとり、さらにその後は東京帝国大学の英文学の教師となります。松江時代に結婚した小泉節との縁で帰化して小泉八雲を名乗るようになります。松江現在、松江で島根県立大学短期大学部の教授として活躍し、松江の観光振興においても大いに尽力する小泉凡さんは僕の友人なのですが、実は八雲の曾孫に当たります。さらに奇縁ですが、本書ですでに紹介した、やはり僕の研究仲間で友人の岩崎竹彦さんは熊本大学の教授として旧第五高等学校に関わ

20　旧第四高等学校（石川近代文学館・石川四高記念文化交流館）

る研究もしていますが、岩崎さんと小泉さんは大学の先輩と後輩の関係に当たります。奇縁ですね（余談の余談ですが、夏目漱石は八雲の後任のごとくして、後を追うように第五高等学校、そして東大の教員となります）。

　さて、僕がそのとき金沢で聞いた音のことです。うだるように暑い八月後半のある日の午後ということになりますが、昼過ぎに僕は浅野川沿いにあるひがし茶屋街を歩いていました。当時は今のようなきれいな石畳は敷かれてはいなかったように記憶しています。蝉時雨が降るなか、ＶＡＮの半袖のラガーシャツに汗が染みていました。その蝉時雨をかき分けるようにして、どこかの茶屋の二階から今度は三味の音が降りてきました。まさに一服の清涼剤、心なしかそのとき、浅野川を渡る風を感じたように思いました[21]。

　この忘れられない印象を、およそ二〇年の後に『金沢学⑦　ポプラール・金沢―モノづくりと町づくり―』（黒川威人編著、前田印刷出版部、一九九六年）のなかで記す僥倖を得ることになるとは、想像すらできなかったことです。もちろん、「金沢学研究会」も一九七七年の時点ではまだ発足もしていませんでしたが。しかし浅野河畔で聞いたこの三味の音と、その後すぐに散策することになる広坂通りと、そこにある赤煉瓦造りの何やら重厚そうな建物に惹かれて入ったときの、妙に心地よい古書が饐《す》えたような香り（図書館や古書店好きの人にはきっとわかってもらえるはずです）を覚えています。そしてその場所がどこなのかということもすぐに覚えることができました。というのもその頃僕は、井上靖（一九〇七〜一九九一）の小説『北の海』を読んだばかりであったということも時宜を得ていたのです。この作品は、井上の金沢と四高時代の思い出が自伝的に綴られています。

賢明な読者諸氏にはもういうまでもないかと思います。この「重厚そうな建物」こそが、７章で紹介した旧第四高等学校の校舎であり、現在においては再生活用された「石川近代文学館・石川四高記念文化交流館（博物館）」だったのです[20]。当時は「石川県立郷土資料館」と称していました。

現在はこの博物館の内部も一段ときれいに整備されましたが、古書の香りは僕が初めて訪れたときと変わらずに感じることができます。「石川近代文学館」と「石川四高記念文化交流館」というふたつのゾーンによって構成されたこの博物館では、前者を通して〝文芸作品と金沢のトポロジー（位相学）〟を、また後者を通して〝思想と金沢のトポス（位相）〟を観て取ることは、それほど難しいことではないと思います。そしてそのためにも、若い人たちにぜひ、「金沢二一世紀美術館」だけではなく、この博物館を訪ねることを勧めたいものです。とりわけ、四高の名物教授たちの業績だけではなく、名も無き若き四高の学生たちが、金沢という風土のなかで苦闘した思考と生活と思想とを考えてほしいと思います。それもまた貴重な観光体験なのです[22]。そしてここでは、きれいにまとめられたオールカラーのパンフレット二種、「石川近代文学館」と「石川四高記念館」を買い求めることも可能です（各五〇〇円也）。

さらに「広坂通りと香り」ということで思い出すことがあります。この通りには、金沢の伝統工芸を扱う店が何軒か並びます。やはり初めて訪れたあの夏の日に印象的だったのが、輪島塗を商う店を訪れたときの香りでした。漆器《しっき》は英語で〝japan〟と訳されるほどの日本の伝統工芸品ですが（ご存じのように、陶器は〝china〟です）、その粋を集めたものが「金沢漆器」「山中漆器」「輪島漆器」かと思います。すなわち、この三つの産地はすべて石川県です。

漆器の独特な香りが鼻に抜けたとき、午後の暑さのなかでひんやりとする清涼感をここでも感じました。ちなみに金沢あたりでは、「弁当を忘れても、傘は忘れるな！」といわれます。雨や曇天が多く、太平洋側の都市と較べて晴天の日も少ないのです。しかし、その湿度の高さが漆器の名品を産むのですね。何といっても、漆器づくりは湿気《しっき》を求めるのです。

音と香りやそれに付随するようにして連想される文芸[23]や思想、さらにはものづくりに至るまで、これもまたまちのトポスを形どり、そこに住まう人たちはもちろんのこと、来訪者・観光者に対しても忘れ難い何かを刻印するに違いないということを、今改めて確認したいと思います。そして、そのトポスに惹かれて、観光者は再訪者（リピーター）となるのではないでしょうか。

そして「金沢学研究会」あれこれ

さてここで改めて、「金沢学研究会」について触れてみたいと思います。「地元学」という概念の提案の嚆矢が水俣（熊本県）であるとしたら、地域やまちの名を冠して「……学」と呼んだ始まりは、少なくとも現代の「まちづくり」という文脈においては、「金沢学研究会」の活動によるところが大きかったのではないでしょうか。

一九七七（昭和五二）年の初訪以来、何か金沢というまちとその文化、依って立ってきた歴史に惹かれるものを感じていた僕は、その後随分の時間を経て、この会に入会することになります。この研究会が始まったのは（第一回研究会）、一九八三（昭和五八）年七月のことでした。産声をあげた場所こそが、「石川県立郷土資料館」すなわち現在の「石川近代文学館・石川四高記念文化交流館」だったのです。その後、一九八六（昭和六一）年の第一二回研究会からは会場を金沢美術工芸大学に移すことになりました。このときから、広く一般市民にもこの会が参加を開放されるようになりました。そしてこの研究会は、二〇〇四（平成一六）年七月の創立二〇周年の記念例会で活動を休止することになったのですが、この間ほぼ毎月一回、二〇年間で通算一六四回の開催に及びました。

僕が入会したのは、一九九四（平成六）年の夏だったと記憶しているので、いわば遅れてきた会員でした。その頃僕は、愛知県岡崎市にある岡崎女子短期大学に勤務していたので、居住する岡崎から月に一度のペースですが、研究会が開催される会場である金沢美術工芸大学に通っていました。そのときに出会った人々のことは、今も忘れることはできません。研究者はもちろんのこと、行政の関係者、郷土史家、商店主、主婦……実に多様な人々で構成され、そこにも「金沢」を感じました。そうした人々のなかで、今も交流のあるひとりが、現在は金沢星稜大学の教授である本康宏史さんです。当時彼は石川県立歴史博物館の学芸員でした。物静かで、職業柄当然のことですが誠実な学究肌の人です。

彼は研究会発足当初からの会員でしたし、何よりもその学識に敬意をもって接していましたので、後に僕が編著者として『観光文化と地元学』（古今書院、二〇一一年）を編むことになったときに、「第一〇章：「金沢学」と観光文化」（一六〇〜一八〇頁）を寄稿してもらいました。

そのなかの冒頭部分で本康さんがいう指摘には、僕も大いに共感する部分があり彼が筆を執ってくれたことに改めて感謝した記憶があります。

> 地元学は、「観光」をめぐる文化資源の発掘、発信のいわば知的バックボーンともいえよう。また一方で、「観光」を主体とした地域振興や活性策に対する、一定の批判的視座を確保する理性の枠組みでもある。こうしたアンヴィバレントともいえる「観光文化」と地元学の関係を、具体的な地域と地元学の事例から紹介したい[24]。

本康さんは、これを前提に「金沢学研究会」（以下、研究会）の活動を基本に据えながら、論述を展開していますが、金沢のトポス、トポロジーを読み取るうえで、この論文は大きな助力となるに違いありません。そして何よりもこの会が大きく貢献したと思われるその使命は、「金沢を薄っぺらな観光都市・集客都市にしない」ということではなかったかと僕は解釈しています。

研究会と金沢前市長の山出保氏との間には、直接には関係はないのかもしれませんが、先に紹介した山出氏の想いと共通するものがその根底にあるのではないでしょうか。これが金沢の矜持と気骨なのかもしれないですね。トポスとエートスを生みだす根柢の原動力でしょう。

そして矜持と気骨は形となって残っていくことで、それがこどもたちに引き継がれまちの文化の力となっていきます。すなわち、集客的な観光都市としてではなく、本当の意味での観光文化都市の力となっていくのです。7章「今一度、自らのまちを旅してみよう」の節で示した「①近説遠来、②観国之光、③努力発国光」を今一度確認しましょう。

そこで研究会では、文化の力を形にするための新たな発信の場として、「金沢学叢書」を刊行することになったのです。それには、地元印刷業者である前田印刷出版部（前田典千代社長）の協力と支援も大きかったのです（僕はこの社長の名を聞いたときに、加賀藩祖の前田利家の幼名・犬千代を思い出し、関係があるのだろうか……などと下世話な空想をしてしまったことを思い出します）。そしてこの叢書は二〇年間で計一〇冊が、すべて前田印刷出版部から上梓されたのです。もちろんいずれも力作ぞろいで、市内の主な書店の書架に並び好評を博していたのではないでしょうか[25]。

執筆陣は金沢市とその近郊の研究者が圧倒的に多かったのですが、全巻揃えて俯瞰すれば、専門領域を超えて学際的な視点から金沢を読み解くことができるようになっており、まさに「金沢学」の真骨頂がここにありました。そしてこの俯瞰図こそが、また金沢のひとつのトポロジーであったと僕は確信しています。この叢書は、本物の金沢文化観光を愉しむための極めて上質なテクストであり、決して〝古びることのないガイドブック〟だと思います。さらにいうならば、不易流行のなかで金沢のようなまちは表層が変わっても、変わらないものが深層にあるのではないかと教えてくれます。それもまたトポス性のゆえんなのでしょうか。その深層をみつける旅こそが実はとても重要なのです。金沢のようなまち、という誤解を招きそうな表現を採りましたが、実は金沢と同様にどのまちにもそれぞれの深層はあるはずです。それを忘れてしまって、〝先進地の表層だけを真似た観光地づくり〟を試みる弊こそが再考されなければならないということを、金沢学を通して学ぶこともまた一興ではないでしょうか。

終章　地域観光の要諦を考える

位相学（トポロジー）と小宇宙（コスモロジー）――いまひとたびの金沢とともに――

文化人類学者の米山俊直（一九三〇～二〇〇六）の名著に、『小盆地宇宙と日本文化』（岩波書店、一九八九年）があります。「日本とは何か」と考えるうえでの必読書です。もともとはアフリカの農村研究などを行ってきたのですが、やはり現代の碩学のひとりといっても良い人です。その後は、京都の祭礼などの研究にも示唆深い業績を多く残し、「京都学」を提唱した人でもありました。

「小盆地」とはひとつの「小宇宙」（コスモロジー）であるという把握は、まさにひとつのトポロジー（位相学）といえるのではないでしょうか。換言すれば「小盆地」というひとつの空間がつむぎだしてきた歴史や文化、あるいは社会経済等が、それを支えてきた人々とそのエートスなどと混然一体となりながら、ひとつのトポス（位相）をつくりだしているのです。

「京都と小京都」といった文脈のなかで語ると、それは確かにわかりやすいかもしれません。しかし「京都と小京都」の問題は、実はなかなか一筋縄ではいかない難しさもあります。松崎憲三編著『小京都と小江戸―「うつし」文化の研究―』（岩田書院、二〇一〇年）は、それを考えるための貴重な文献です。米山の著書の次には、ぜひ一読を勧めます。

ところで9章で記した金沢については、多くの人が見聞きしたことがあるように、しばしば「北陸の小京都」と呼ばれてきました（同じく9章のなかで、管見した松江は「山陰の小京都」と称されることが少なくありません）。

そこで何度か記した西田幾多郎について、ここでもう少し触れてみたいと思います。一八七〇（明治三）年、石川県河北郡宇ノ気町（現、かほく市）に生まれ、金沢で四高生として学生生活を送り、上京しその後再び金沢の四高で一〇年間教鞭（その前に、宇ノ気からさらに北の七尾で旧制中学の教師をしましたが）をとりました。そして、一九一〇（明治四三）年には京都帝国大学助教授に就任し、生活の拠点を京都に移します。そして一九二八（昭和三）年に定年退官し、一九四五（昭和二〇）年に鎌倉で逝去しました。日本人独自の哲学のみち（道）を究めようとした西田は、同時に様々な道を歩いた人でもあったと思います。宇ノ気、金沢（加賀）、七尾（能登）、東京、京都、そして鎌倉と、多様なトポス性を有するまちを見詰めることも、西田にとっては単に地理的な意味からだけではなく、みち（道）を辿る人生の道程であったに違いありません。みち（未知）なるものを、いかにして見出すのか。それもまた、みち（道）を辿ることで、見出されるはずです。それは、多くの思想家たちが辿って達成してきたことですね。

もちろん、どのまちも西田にとっては大切なトポスであり、辿るべきみち（道）であったことに変わりはないと思いますが、彼の晩年の回想——例えば『続思索と体験　「続思索と体験」以後』（岩波書店、岩波文庫版、一九八〇年。初出は一九二七〜一九四五年にかけてのものが中心）に収録されているものなど——から推し量ると、僕には金沢・京都・鎌倉が気にかかります。そして何よりも彼の最も代表的といって良い著作である『善の研究』（岩波書店、岩波文庫版、一九五〇年。初出は一九一一年で、京都帝国大学着任の翌年に当たります）では、その序の冒頭部分は、いきなり金沢と第四高等学校についての記述から始まります。

「この書は余が多年、金沢なる第四高等学校において教鞭を執って居た間に書いたのである」（同上書、五頁）。

客観的に事実だけを記したものといわれたらそれまでかもしれませんが、西田にとっての畢生の偉業ともいえるこの書の冒頭を飾るということは、トポスとしての金沢、そしてその金沢で育まれた西田自身のエートスをこういう形で表現することであったのだと僕は思います。

「四高の思出」（初出：一九二七年）という回想文のなかで西田はいいます（「思出」はママ）。

京都に来た初、まだ老母が生存していたので、私は老母を見舞うべく毎年金沢に帰った。当時、四高を訪れると、いつも自分の学校に帰ったの如くに思われ、自分がもはや京都大学にいるのだということが忘れられて、やはり続いて四高にいるものの如くに感ぜられた。……（中略）……私はいまもなお、四高時代に読んだ四高の書籍には一種の懐かしみを感じている。(26)

また西田の回想のなかでは、おそらく一番著名となったものが「或教授の退職の辞」（初出：一九二八年）だと思います。そのなかでは、「私の生涯は極めて簡単なものであった。その前半は黒板を前にして坐した、その後半は黒板を後にして立った。黒板に向かって一回転をなしたといえば、それで私の伝記は尽きるのである。しかし明日ストーヴに焼べられる一本の草にも、それは相応の来歴があり、思出がなければならない。……（中略）……金沢にいた十年間は私の心身共に壮《さかん》な、人生の最もよき時代であった(27)」と彼はいいます。

これらはほんの一部です。このアンソロジーの書で西田はふんだんに金沢を語ります。

しかしそれは偉大な思想家だけに限った問題ではないと思います。普通に生き、何も文章に残さなかったとしても、たったひとりの人間にとってそれは同様で、道の途上での「ひとつの場所」の重要性というものは、必ず存在するのです。

みち（道）を辿ることで、その人生を左右しその人生に責任を持つことができる場所、それがまたトポスなのではないでしょうか。まちをつむぎ、その観光を伝えるうえにおいてもそれは同様で、そうした緊張感を失くしてしまっては、地域観光は成り立ちえないしその自律性も実現はできないのです。

屋上屋を重ねて換言したいと思います。柳田國男の『明治大正史世相篇』（初出：一九三〇年）の試みを想起してください。官製アカデミズムの歴史叙述に不満を感じていた柳田は、「この書が在来の伝記式歴史に不満である結果、故意に固有名詞を一つでも挙げまいとしたことである。従って世相篇は英雄の心事を説いた書ではないのである。国に遍満する常人という人々が、目を開き耳を傾ければ視聴し得るものの限り、そうしてただ少しく心を潜めるならば、必ず思い至るであろうところの意見だけを述べたのである[28]」とこの試みの趣旨を記しました。常民の生活史や生活誌を通しても十分に地域の歴史は記述しうるということ、すなわち大文字のみではなく小文字での叙述、そしてそれに対しての共感の念を抱き続けることもまた、まちのトポスを形づくる大切な要因なのでしょう。ラフカディオ・ハーンが音で聞いたそれもまた、このことを考えさせてくれる大きなヒントだと思います。

柳田もハーンも、あるいは西田も歴史にその名を大文字で残した思想家であることは紛れもない事実ですが、彼らが時として「常民」に還り、あるいは「常民」に伝えようとした思想とその行間を僕たちは忘れてはいけないということです。

旅の民俗学者・宮本常一（一九〇七〜一九八一）は、文字どおり旅にくらし、「常民」のくらしを通して、みち（道）を求道し続けた人です。宮本は村々を歩くなかで、絶えず洗濯物が干された風景に注目したといいます。彼は写真の名手でもあったので、そうしたスナップ写真もたくさん残されています。彼は洗濯物を通して、村のくらしぶりや人々の生活誌を読み取ったのです。一枚の洗濯物からも、コスモロジーが読み解けるのですね。

宮本のこうしたエピソードも看過してはいけないのです。今ここで改めて、まちの位相（トポス）を考え、そして地域観光の要諦を考えるためにも。

みず（水）のオントロギー（ontology：存在論）

まちの位相（トポス）にとって、みち（道）と同様に不可欠な存在が、みず（水）であると僕は思います。もちろんそれは、自然現象としても文化現象としてもです。「彼は水くさいやつだ」とか「無味乾燥で水のようだ」などと表現されることがありますが、しかし水は空気と同様に、確かに実在しかつ必要不可欠なものです。

可塑的で創造性を育み、人の生命を愛しみます。しかしひとつ間違えると、人の生命を奪ってしまう両義性を持った存在です。観光の場面においても、みず（水）が景観を豊かにし、しかし場合によってはその美しい景観を蹂躙してしまうこともあります。具体的な例はあえて挙げませんが。

ところで、『マザーウォーター』という映画が二〇一〇（平成二二）年に上映されました（監督：松本佳奈、出演：小林聡美、小泉今日子、もたいまさこ、市川実日子、光石研、加瀬亮さんら）。舞台は京都です。鴨川や白川などいくつかの川や湧水が、シンボリックなまでに映像を彩っていました。まさに、水が持つ形而上学的ともいえる存在論（オントロギー）です。

京都について、西田幾多郎はこんな一文を、鎌倉で認《したた》めています（「鎌倉雑詠」初出：一九二九年）。「私は二十年近くを京都に過ごした。京都は最も古蹟に富んだ山川の美しい都である。しかし京都は古都というにはあまりに都らしく、山川の美もまた優雅にすぎる。特に私には実感を動かすものが多く、空想の羽ばたく余地を与えない」といい、それに続けて鎌倉を比較して、「鎌倉にはなお廃墟らしい所が多い。特に骨肉相疑い、同族相戮し、猫額の地に人間の罪悪の歴史が集められている如き感がする。……（中略）……迷路の如き鎌倉山の谷々はかかる人心を具象化しているように思われる。しかしそれだけまた深刻に人生の悲哀を感ずることも多く、我々の宗教心を動かし易い[29]」と心のなかを吐露するように述懐しています。もちろんこの一文はあくまでも西田の主観なので、どう読み解くかは読者によって様々でしょう。当然、京都と鎌倉の叙述をめぐっては、ともに膨大なファンや再訪者が存在するまちなので、異論反論もまた多様にあるに違いありません。

これは僕の主観ですが、西田はこの行間においても「やはり私は金沢が好きだ」といっているような気がしてなりません。どのまちも西田にとって、両義性に富んだ時間と空間であったことは違いありませんが、京都学派の重鎮となった人であるにもかかわらず、京都に対しては坐り心地の悪さを感じていたように思えて仕方ないのです。「空想の羽ばたく余地を与えない」とは、そこが西田にとって「自由席」ではなく「指定席」だったからでしょう。西田にとって金沢・加賀・能登という時空間は、ある意味で可塑的な「自由席」であったのではないでしょうか。まさに、みず（水）であるかのように純粋に、そしてトポスもまたそこでより可塑的に、ひとりの人間の心象風景のなかで羽ばたくのです。

なお京都ファンを逆なでするかもしれませんが、加賀前田家の末裔の酒井美意子さん（前田利為の長女）は、「前田家の文化政策」という論考のなかで、金沢と京都をめぐって一言ですが、次のような指摘をしています。「金沢は〝森の都〟で山紫水明。箱庭のような京都とは異質です[30]」。

少し西田の感慨ともつながるところがあるのかもしれません。ただし、「山紫水明」は必ずしも金沢の専売特許となる言葉ではなく、京都から生まれた言葉ではないかと思われます（京都の名誉のためにも、付記しておきましょう）。

それは江戸後期のことですが、陽明学者で文人の頼山陽（一七八〇～一八三二）がその寓居を「山紫水明處」

（上京区東三本木に現存）と名付けたことにちなんでいるのです。

◇

Ⅱ部4章の末尾と同様に、以下は閑話休題としましょう。

京都も金沢も、そして鎌倉もまた、みず（水）とみち（道）が重要な役割を担うまちです。西田がいう「空想が羽ばたく」という点でいえば、確かに京都の完成度は高く、彼の指摘も強《あなが》ち否定しにくいのですが、視点を変えれば『マザーウォーター』で表現された京都は、松本監督が観客に対してかなりの割合で、「空想を羽ばた」かせようとしています。

実際に観てもらうしかないのですが、主要登場人物は一切京都弁を話しません。八百屋の女将が二言三言話すのみです。したがって、演出上の「方言コスプレ[31]」は無きに等しいといっていいでしょう。また具体的に実在する場として、梨木神社・藤森神社・護王神社、鴨川の荒神橋や白川疎水、さらには大徳寺近くの豆腐店、カフェでは、「しずく」や「Prangipani」、また玉岡児童公園や銭湯日の出湯など、市民にとって極めて身近で日常の場所が、しばしば重要な意味性を伴って登場しますが、京都を主張する固有名詞は一切出てきません。サスペンス風番組の映像とは大きく違う点ですが、登場人物たちの心のなかはサスペンスめいて、観る人にとって「京都のトポス」への空想を膨らませてくれます。

登場人物のひとりであるハツミ（市川実日子演じる）とタカコ（小泉今日子）の会話がその愉しさを増幅させます。

ハツミ「セツコさんのお店ってどうしてウィスキーだけなのか知ってますか?」
タカコ「それは、この街だからじゃない?」

セツコ(小林聡美)は、このまちで町家を改装したようなショットバーを営んでいますが、グラスの底に球形の氷を沈め、投じたウィスキーを絡め丹念に攪拌したその一杯のみがこの店の〝売り〟のようです。

この映画では、道行く観光客らしき存在もただ一度、ほんの一瞬しか出てきません。露地のなかのアングルから大通りが映り、そこを通り過ぎる一群。たったそれだけです。

そして最終に近いシーンで、みず(水)とみち(道)をめぐる会話がいよいよのエピローグに誘います。

ハツミ「タカコさん、もうここから離れられないんじゃないですか?」
タカコ「そんなことないよ」
セツコ「水は流れているからね」
タカコ「でも、流れていることに気がつかないときもあったかも」
ハツミ「どこか他の場所へ行って、初めて自分がどこから来たのかわかるのかもしれないですね」

さて、京都と金沢のみず(水)といえばともに「川」が重要な役割を示していることはいうまでもありません。京都――鴨川、加茂川、高瀬川、白川……。金沢――犀川、浅野川……(三つのまちのなかで、鎌倉は「湘南――海」、という印象が強いのですが)。

犀川はその益荒男《ますらお》ぶりから「おとこ川」、穏やかな流れの浅野川はその手弱女《たおやめ》ぶりから「おんな川」と古くか

21　おとこ川を象徴するかのような犀川大橋（登録有形文化財）

ら金沢ではいい擬《なぞら》えているようです。フォークロア的でありかつ風水思想をも想起させますが、これもまたこのまちの持つひとつのトポロジーでしょう［21］。

なお川ではありませんが、このまちの地名のゆえんは「金洗いの沢」にちなむそうです。昏々と湧き出る名水と砂金です。ちなみに国内の金箔の生産は、金沢が総生産量にして九九％を占め卓越しています。その副産物が、とりわけ女性に人気の「あぶらとり紙」です。といえばこちらは、京都の「よーじや」が有名です。一方、江戸期創業の金沢の老舗菓子鋪「諸江屋」には、これにちなんで「金の霊澤」という銘菓があります。栗を抹茶の羊羹で包んで美味、僕の金沢土産の定番としているものです。

ところで、旅の民俗学者・宮本常一が全国津々浦々を歩いたことはあまりにも有名です。Ⅲ部の扉に紹介した渋沢敬三の言葉がそれを象徴しています。宮本は当前ですが金沢も歩いています。「砂金を採った場所……金沢という地名が、そういうところから来たということになります。……金を採ったところには、必ず文化があるのです。古い文化がみられるのです。金を欲しがる人が集まってきます。そこで生きている。そこで生活をする人は、金を掘るのだから、全部交換経済が成り立って来るのです。田んぼを作るかたわら、金を掘りにいったりはしないのです。……そうしますと、金沢には、これから調べてみなければなりませんが、大きな問題があるのです。おそらくは、中世に金を採ったのではなかったでしょうか。砂金ですね。そうしますと、あの川の問題が、解決ついて来るのです。ああいうところに川があるのかということですね[32]」。

自然科学、社会科学、人文科学という古典的な領域で区分して考えても、それぞれで多様な意味合いを「川」

は示してくれます。観光という視点から考えても、社会学的、経済史的、民俗学的、環境学的、景観論的……と様々な貌をみせてくれます。そうしたなかで、人工的に開削された河川では、より一層のまちの位相性（トポロジー性）を付加するように思います。京都でいえば、高瀬川。これは京都の豪商であった角倉了以（一五五四～一六一四）が開削したことで知られ、もともとは運河・物資運搬のためのインフラとして経済史的にも大きな意味を有してきました。文芸史的にいうと森鷗外（一八六二～一九二二）の『高瀬舟』で著名になりました。現代の社会風俗的な文脈での京都の日常は、「木屋町へ行こう」という言い回しは、「飲みに行こう」という行為を〝記号化〟したものといっても過言ではないかもしれませんが、まず飲みに行くことがない僕にとっては、木屋町へ行くということは、やはり「フランソア」と「ソワレ」、そして閉店してしまうまでは「ミューズ」を含めて、梯子して珈琲を飲むことです。まったく個人的ですが、窓の外から高瀬川の舞い落ちる枯葉までがみえる「ミューズ」が一番好きでした。些細なことを大袈裟にいうと、僕の木屋町にとってのトポスは「ミューズ」に尽きていました。

22　鞍月用水とそのほとり

　次に金沢でいうと、市内で五五か所といわれる用水、これは総延長にすると一五〇キロメートルになるそうですが、まさにまちなかを流れる人工的な川です。代表的なものとしては、鞍月用水・辰巳用水・大野庄用水などがあります[22]。これらも、高瀬川とほぼ同時期に開削されたものが多いようですが、用途としては農業や生活用水、工業用水（友禅流しなどを想起してください）、防火用水、庭園の曲水など多様に活用されています。兼六園には辰巳用水の水が引かれています。僕は繁華の場所である香林坊（都市型ホテルや北陸随一の地元資本による大型百貨店などが立ち並び、市役所があり、そして「石川近代文学館」「金沢

23　百万石通りのファッションビル

二一世紀美術館」へと通じるエリアです）の裏手にある鞍月用水に「都市のなかの詩」を感じます。この通りは、地元では「せせらぎ通り商店街」とも呼ばれています。

まったくの余談ですが、若者を中心に人気のファッションブランドである「ポールスミス」の路面店がこの用水に面してあり、このブランドの地方都市での路面店出店は、金沢が最初ということを、随分以前ですがこの店のスタッフから聞いたことがあります。デザイナーのポール・スミスの思い入れが「ニッポンのカナザワ」にあったのでしょう。ちなみにですが、高瀬川沿いにも（四条通りに近接）「ポールスミス」の路面店があります。これは一例にしかすぎませんが、そのまちの歴史的景観には決してそぐわないと思われがちのモダニズムにも、都市観光の愉しみのひとつはあるに違いありません。「ポールスミス」に限らず、「フランソア」や「ソワレ」もまさにそうした空間ですし、同様に喫茶店でいえば、随分先にも記した金沢の「ローレンス」（五木寛之氏が愛してやまなかった）も鞍月用水の景観のなかにあります。それはきっと、時間の流れのなかで同化したネオ・トラディショナルな景観なのでしょう。という形で、本当をいえば、オチをつけたかったのですが、まちも絶えず流れています。鞍月用水や高瀬川と同様に……。

実は「ポールスミス」、近年この鞍月用水沿いの店は百万石通りに面した大きな路面店に移ってしまいました。ビームスとジャーナルスタンダードというやはり若者の人気のブランドがここには立ち並んでいて、一瞬ですが東京にいるような錯覚に襲われてしまいます［23］。そして、京都の高瀬川沿いの店も四条通りのほぼ中央にあるデパートのなかに移転しました。ともに水に面した隠れ家感があってそれが良かったのですが、これも時代の流れとより大きな経済効果を求めた結果でしょう。何といっても、大きなまちの大通りはその賑わいのなか、否が応にもそれが目立ってしまいますね。

芭蕉の謂ではありませんが、これもまた「不易流行」の一断面なのかもしれません。とりわけ僕たちの生活をめぐる風俗においては。ただ僕は、「不易流行」で忘れてはいけない本質は、変わらずに変わることではないかと思っています。西田幾多郎が求めた、「絶対矛盾的自己同一」も、もしかしたらここにあるのかもしれませんね。

水と道と魅力の景観

限られた紙幅がいよいよ迫ってきましたので、この項は簡潔に書かなければならないことをお許しください。そこでまずは、田中吉政（一五四八～一六〇九）という人物から話を始めてみたいと思います。そんな人物聞いたことはないという人がほとんどかもしれません。しかし、現代のまちつむぎを語る文脈のなかで欠かすことができないまちとして、近江八幡市（滋賀県）と柳川市（福岡県）の掘割りの保存再生運動は重要です。一九七〇（昭和四五）年頃、すなわち高度経済成長期の晩年、その矛盾が多くの地方で顕わになってきた頃に端を発する、近江八幡市の「八幡掘り保存修景運動」については、僕もいくつかの著書のなかで紹介してきました[33]。また現在も僕のゼミでは、このまちをフィールドのひとつとすることが少なくありません。

柳川市の場合は、『柳川堀割物語』（監督：高畑勲、一九八七年公開、この制作にはスタジオジブリが関与）というドキュメンタリー映画で一躍著明となったのですが、一九七七（昭和五二）年頃に端を発する掘割再生運動に端を発しています。両市ともに安土桃山時代、あるいは江戸初期に形成された掘割りという水辺の空間が荒廃しきっている状況のなか、埋め立てて新しいインフラに変えていこうとする動きを、住民運動を通して保存修景を軸に再生へと転換させました。そして景観とまちなみが保存され、地域観光の側面からも結果として大きな成果をもたらしていったということで高い評価を得たのです(34)[24]。

さてそこで、田中吉政です。もともと彼は豊臣秀次（一五六八〜一五九五）配下の武将で、出自は滋賀県の北部、浅井郡（現在の長浜市）といわれています。秀次は豊臣秀吉（一五三七〜一五九八）の甥に当たり、一時はその後継者と目されていました。本能寺の変（一五八二年）によって安土城下が灰燼と帰した後に、隣接する要衝の地である近江八幡に、秀吉の命によって配され大名となって城下町を形成します。そのときに築いた八幡城を囲むようにして、琵琶湖を両端で繋ぐようにして穿ったのが八幡掘りです。その都市計画に大きく貢献したのが吉政でした。当時は、秀次の家老格であったということです。

24　高岡大仏

それからの吉政は、近江八幡から岡崎、そして柳川という道を歩きそれぞれのまちで水のある空間を形成することで、その文化と経済の振興と発展に大きな寄与と足跡を残したのです。この三つのまちが現在も水と道を中心にして魅力を湛え続けるトポスである一因は、時空を超えたところでの田中吉政の地域政策の成果があり、そして現代に至っても、彼の業績に（近江八幡においては、吉政を片腕とした秀次に対する思慕の念はさらに強いのですが）敬意を払い矜持をもって讃え続けている人たちがいるということも忘れてはならないことです。

既述のように、吉政は近江八幡を発端に、三つのまちを辿ることになります。秀次の尾張移封後、吉政はその手腕が秀吉に高く評価されていたのか、大抜擢で岡崎城主となり五万七千石が与えられ数年後には十万石にまで加増されます（実はもともとは、秀吉の家臣で彼の命を受けて秀次のもとに「出向」していたという説もあります）。周知のように、この頃の秀吉は徳川家康（一五四二〜一六一六）の存在が疎ましく、江戸に遠ざけました（一五九〇年）。家康の出生の地である岡崎や、徳川家の出自である松平郷（現、豊田市）を中心とした西三河を押さえるための任用でもあったのでしょう。

さらにその後の関ヶ原の役（一六〇〇年）では、吉政は東軍・徳川方に与し戦勝に大きく貢献しました。伊吹の山中に隠れ潜む敗軍の将・石田光成（一五六〇〜一六〇〇）を見つけ出したのは吉政だったといいます。その論功行賞で、筑後柳川藩主三二万石となるのです。柳川の掘割整備事業は、吉政にとって大きな業績となりました。

そこで次を最後の項として、岡崎と吉政に焦点を置いて記したいと思います。

五万石でも岡崎様は……

「五万石でも岡崎様はお城の下まで舟が着く」と江戸時代に俗謡で唄われたといいます。それは、大御所・神君であった徳川家康の出生地であったことも大きいのですが、徳川幕府開闢（一六〇三年）よりも以前、前述のように田中吉政による地域政策が実は大きな意味を持っているのです。吉政は岡崎では、近江八幡や柳川のようには、掘割りを穿《うが》つことはしませんでした。いや、穿つ必要がなかったのです。すなわち天然の水路である川があったのです。

矢作川とその支流の乙川に岡崎城下は囲まれています。そこで彼が施したのが、土地区画整備という都市計画でした。岡崎市中を走る東海道は当時この乙川の南を通っていましたが、吉政はまさに都市計画の区画変更を断行し、乙川と岡崎城を臨む城下の中心部分の北側に移し変えました。すなわち、まちの中心部分に東海道を通過させてそこを乙川と外堀で挟み込んだのです［25］。自然の要害を活用しつつ、これを経済と交通のインフラに活かした手法は、「近江八幡と八幡掘り、琵琶湖の水運の活用」という方法と発想が酷似しています。移転した市中の東海道は、「岡崎二十七曲《ま》がり」と称されることになります。そこは敵が攻めにくいように、幾重にも折り重なるようにクネクネと曲会しているのでこの名が付きましたが、商家が立ち並び人馬行き交う道として岡崎の文化と経済の繁栄に大きく寄与していくことになったのです。この道こそが、「註(19)」でも紹介した「伝馬通り」であり、その地名は行政区画上も現在に至るまで使用されています。吉政の頃にこの通りの北側には多くの寺院が集められ、浄土真宗東別院もこのエリアです。またこのあたりをさらに西に進めば、商人たちが多く商いを行った「連尺通り」が走ります。それらをさらに西に向かい、岡崎城（岡崎公園）の北エリアあたりには、「魚町」「材木町」など城下町の面影を残した町名が連なります。岡崎公園をさらに西に向かうと矢作川、その大橋のたもとにあるのが八丁町です。「名古屋メシ」に不可欠なスパイスの「八丁味噌」はこの地に起こりました。城から「八丁」（「一丁」は、今の距離で約一〇九メートル）の距離にある味噌屋だったことがその名の由縁のようです。この場所では江戸期より「カクキュウ」と「まるや」が今に至るまで、味噌づくりを続けていて、工場見学・産業観光も愉しむことができます。

25　岡崎城と乙川

さて現在の「伝馬通り商店街」では、二十数年以上も前より、こうした史実、すなわち旧東海道を走る「二十七曲り、伝馬通り」が岡崎の繁華を象徴し、文化と経済が出会うところであったということを、地域の矜持のよりどころとするために様々な取り組みがなされてきました。註にも記しましたが、江戸時代一七八二（天明二）年創業の菓子舗・備前屋の当主である中野敏雄社長（現会長、僕が岡崎在住時は社長でした）らが中心となって発行された『岡崎宿伝馬　町は驛から始まった。』（一九九四年、岡崎市伝馬通商店街振興組合編、総頁数八〇頁）は、後世に残る岡崎の優れた郷土史となっています。そして、二〇〇〇（平成一二）年には改訂版が発行されるに至っているのです。これは、商店街による地域に対するメセナ活動（芸術・文化支援）、あるいはフィランソロピー（社会貢献）のひとつの、そして大きな成果ではないでしょうか。

同じく商店街振興組合の地域メセナとして興味深いのは、「岡崎宿伝馬歴史プロムナード」事業です。商店街をプロムナード化（遊歩道化）することで、歩き散策することが楽しくなることを狙ったこの事業は、大通りを挟んで両サイドに計二〇基の石彫り彫刻を配置しています。岡崎は石工団地を有するほどで、石造りはひとつの地場産業です。伝馬通りの石彫り彫刻は、かつて江戸時代に宿場を賑わしてきた人々（助郷、飛脚、飯盛り女……）の様子が、デフォルメされた暖かで穏やかな作品となって、道行く人々を和ましてくれます。そして通りのほぼ中央を飾るのが、田中吉政像なのです[26]。作品はすべて石彫家・鈴木登三信のもので、まちなみに統一感と調和をも与えています。あたかも、安曇野の道祖神を思わせますが、決して「ゆるキャラ」のはしりではありません。

さて伝馬通りを西へ、岡崎城のある方角に向かって旧東海道を歩くとそこは、「康生通り」です。「家康の生まれたまち」であることを感じさせてくれる地名です。高度成長期にはこの通りと交差する本町通り、あるいはその南、乙川に架かる殿橋を抜けて名鉄・東岡崎駅、国鉄・岡崎駅に向かう道は「電車通り」とも呼ばれ、路面電車が走っていました。

康生、本町界隈はその頃の岡崎では最も賑わいをみせていた一角でしたが、現在は多くの地方都市のご多分にもれずシャッターが多く降ろされていたり、

26　伝馬通りのプロムナードにある田中吉政像

27　康生通りの眼鏡店と「オカザえもん」

28　康生通りの OKASHOP（岡崎商業高校のチャレンジショップ）

開いても閉じ開いたかと思うと業態変化……が多くなっていました。しかし最近、この康生通りは「オカザえもんストリート」と称され土日祝日を中心に賑わいが戻りつつあります。いわゆる、「ゆるキャラ」の「オカザえもん」効果です。ほとんどの商店では、このキャラクターを掲げ、そのグッズも多く販売されています。これもまた、地方都市の類似例に漏れませんね。ちなみに「オカザえもん」は、二〇一三（平成二五）年の「ご当地キャラクター総選挙」では、全国二位となったそうです。この年の一〇月一四日に僕が訪ねたときは、「来年は一位にしよう!」ということで、商店街は盛り上がりをみせていました（岡崎が「トリエンナーレあいち・二〇一三」の会場となっていたことも、この賑わいぶりに相乗的に拍車がかかっていたのは事実でしょう）。

もちろんすべての商店や商店主が諸手を挙げて……というわけではないのでしょうが。旧知の商店主は「一時のもので終わってしまうのでは……」とシニカルでした。確かに何らかのきっかけづくりとしては、微笑ましくもある「ゆるキャラ」も絶対悪いとは思いませんが、これのみがまちのイメージを先行させ、モノカルチャー化が進行してしまうことは、決して望ましいとはいえないでしょう。

新興の「オカザえもん」が街角を飾るなか[27]、僕は一〇年以上も前から康生通りで頑張る若者たちの姿に、違う意味で和まされる思いがしました。それは、「OKASHOP」[28]といいます。愛知県立岡崎商業高校の生徒たちが、商店街活性化のために代々引き継ぎ継承し、続けられてきたチャレンジショップのことです。岡崎商工会議所や各商店街との連携で、「職業教育パートナーシップ推進事業」の一環として、二〇〇一（平成一三）年度よりスタートしました。

生徒たちの企画商品である「天下の飴」[35]［29］も、発売以来今日まで好評を博しています。

柳田國男が『こども風土記』（初出：一九四一（昭和一六）年、『柳田國男全集 23』筑摩書房（ちくま文庫版）、一九九〇年）のなかで最もいいたかったことは何なのかということを今改めて考えてみたいと思います。様々なこどもの遊びの在り方を紹介することを通して、こどもこそが、文化の創造者であり継承者であるということ、地域文化活動の担い手であるということを主張したかったのです。岡崎商業高校の生徒たちを「こども」と呼ぶにはあまりに失礼かもしれませんが、四一歳と想定されている「オカザえもん」をみながら、康生の風に吹かれた雑踏のなかで、ふと柳田を想いました。

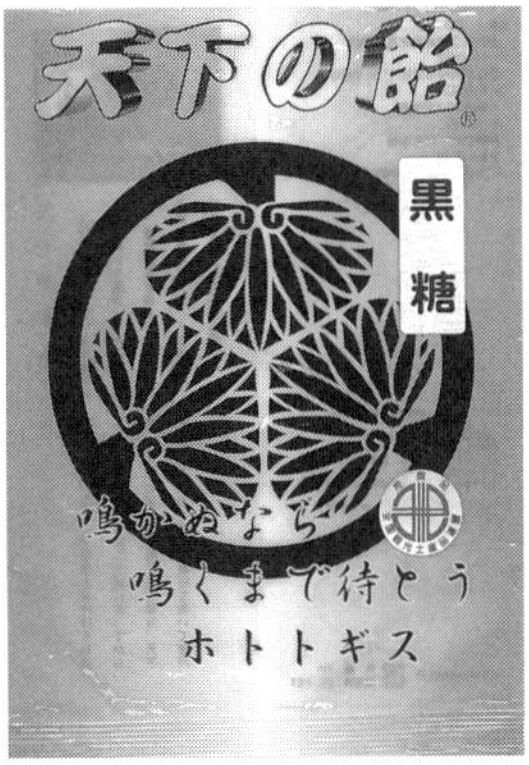

29　生徒たちの企画商品「天下の飴」

ビスタラインというまちの空間と景観

さて康生通りの大きな交差点を北に登り（岡崎という地名から推察できるように、まちは北に向かって緩やかな岡をなします）、本町通り、能見通り、さらに伊賀八幡宮を左手に伊賀町……、やがて大樹寺に着きます。岡崎を代表する名刹のひとつであるこの寺院は成道山松安院と号し、松平家・徳川家の菩提寺として著明です。僕が最初にここを訪れたのは、岡崎に赴任して間もないころでした（能見通りの近くに寓居を構えましたので、生活空間に近い場所でした）。驚いたことのひとつは、堂内に歴代将軍の位牌が実寸大（彼らの没年時）の高さで並んでいた光景でした。一番の長身は二代・秀忠（一六三二年、五四歳で没）の一六〇センチメートル、当時の日本人の体躯からいえば、大柄だったのでしょう。最も貧弱と思われたのは五代・綱吉（一六四六年、六四歳で没）の一二四センチメートル。テレビドラマなどで著名で「暴れん坊将軍」のイメージが強い八代・吉宗（一七五一年、六八歳で没）は一五五・五センチメートルでした。

30　大樹寺山門（総門）

そのとき改めて、歴史上の人物のイメージは、メディアをはじめ様々な挟み込みによってつくられるということを感じた記憶があります。ＮＨＫの大河ドラマもしかりですね。時代考証は一定しっかりとなされていても、配役はイメージを捉えつつも、より一層にビジュアルを重視しますから。

さてその大樹寺を訪れたときに（その後何度も来訪することになるのですが）、もうひとつ心に残ったものがあります。それは四〇〇年の時空を超えて岡崎の人々が大切にし、そして誇りに感じ守ってきた都市の景観でした。現在では「ビスタライン」と称され、岡崎市の都市景観の重要な要です。大樹寺には愛知県指定文化財の「大樹寺山門」（総門）があります［30］。三代・家光（一六〇四〜一六五一）が建立したものです。そしてこの総門の正面に大樹寺小学校（岡崎市立）があり、その校庭越しに小さな「山門」（三門）があります。家光はこの総門からさらに三門を通して、いついかなる時も岡崎城天守を見遥かすことができるように、伽藍を配置しました。三門から直線距離にして六〜七キロメートルありますが、家光の遺訓が現代の都市計画のなかでも遵守されているのです。

児童たちは無意識のうちにもこの空間と景観のなかで、校庭を駆け巡っています。

決して非日常的空間としての「観光地」を訪れているのではなく、日々繰り返される日常のなかで、「こども」たちは自らのまちを「観光」し、自らの心のなかにある心象風景としての岡崎のトポスを刻み込んでいるのではないでしょうか。観光の要諦のひとつを、ここからも見出すことができるのです。

柳田國男のことですから、生前こうした大樹寺にみられるような事実は、おそらく見聞きしていたと思います。こうした空間に遊ぶ「こども」たちに快哉を叫び、そしてその時空・空間・景観[36]を、さらなる後世まで大切に伝えていくことを、柳田は強く念じていたに違いありません。

◇

【コラム③】カフェに憩う愉しみ

——都市観光・繁華街、そして本を読む／京都・木屋町、名古屋・錦通りより——

繰り返しになりますが、学生時代から僕の日常の趣味が「喫茶店で読書、もの書き」でしたからいうわけでもないのですが、都市観光のひとつの醍醐味は喫茶店で憩うことかと思います。また若い頃より、初めて訪れたまちでは、まずは面白そうで、古くからの常連が通っていそうな喫茶店と書店を探すことを常としていました。なぜかそのふたつの場所から、まちの貌がみえてくるように思えたからです。

常滑で「常滑屋」というギャラリーカフェを営む知人の伊藤悦子さんは、開業の動機のひとつとして、常滑を散策するリピーターから「坂があって隠れ家のようで、とてもいいまちなのに、散策した後にホッと一息、お茶をするところがない」といわれたことにあるといいます。小さなまちにも、大きなまちでも、このような場が必要なのです。そしてそれは、

31 大観覧車とSKE48劇場

32 手前の露地を入れば都会の隠れ家・西原珈琲店

物理的な渇きを満たせるならばどこでもよいというわけでもないのです。しかし、あらゆるもののファスト化が進む現代社会において、ファストなカフェは客で溢れても、スロウな喫茶店はなかなか成り立ちにくくなっているのも事実です。書店もそうですね。ロードサイドのファストな書店は雨後の筍のように林立しても、こだわりを持った店主が、書架に並べる本をマニアックなまでに吟味選定するような良い意味で変わった、街角のスロウな書店はやはり少なくなりつつあるように思います。僕の身近な大都市である京都と名古屋もご多分には漏れずといいつつも、まだ頑張っている隠れ家のような昔ながらの喫茶店もたくさんあります。そして、そういった喫茶店の近くにとりわけかつては、良い書店があったものです。繁華な雑踏のなか、一本か二本の裏通りに入ってそんな喫茶店でお気に入りの本を読むこともまた都市観光の愉楽だと思います。何度か記した「ソワレ」や「フランソア」あるいは「築地」など、四条通りの雑踏と、木屋町通りの猥雑さを逃れるようにして、ここで一杯の珈琲と束の間の読書。境界がボーダレス化する今日、どちらが日常で非日常かわかりにくくなってしまいましたが、このふたつの空間が交錯する狭間ともいえる都市空間のなかの喫茶店で、今の自分を取り戻すのもまた観光の「愉しみ」なのでしょう。都会の雑踏と猥雑さが時として「哀しみ」を伴うが故に。

なお観光をめぐっては、「日常性」と「非日常性」の問題がしばしば問われます。僕は観光にとって、その究極は「日常性の構造」をいかに尊重するかということに尽きると思います。ひとつの考えるヒントとして、まちへの来訪者にとってのそのまちの愉しみは、そのまちの日常にいかに触れるかであり、来訪者がそのまちの再訪者となる大きな動機もそこにあるのではないかと思うのです。そのまちの擬似的な生活者となることが、すなわちその日常性に触れそれを満喫することが、再訪者にとっての最大の快楽なのではないでしょうか。仮に本人は無意識裡であったとしても。

名古屋について、岐阜を含めながら付記しておきます。京都――四条、木屋町に対して、名古屋――栄は広小路、錦通り、岐阜は西柳ケ瀬、東柳ケ瀬、といったところでしょうか。

名古屋については、この地区は都市観光のランドマークのようです。やはり繁華と猥雑性、そして今ではAKB48の仲間で良きライバルでもあるSKE48と、その劇場が入ったビルに張り付いた大観覧車［31］。そこをみながら一本露地に入ると「西原珈琲店」［32］があります。ここは携帯使用は一切厳禁で、マニュアルのような接客言葉を忘れたかのようなスタッフとともに、多くの客は静かに都市の余韻に憩います。

岐阜には、大手百貨店の高島屋が立地する東柳ケ瀬と、飲み屋街中心の西柳ケ瀬とに棲み分けされています。東柳ケ瀬を背にして長良橋通りという大通りから一本入ると、美殿町という生活者向けの商店街があり、その端に「フィールド」という喫茶店があります。今では「古民家改修型」という形容詞は流行り言葉となってしまいましたが、それより遥か以前からの店で、店内周囲は書架に囲まれ店主収集の蔵書の山です。そして嬉しいことに、この本を客には珈琲一杯の注文で、無料で貸し出してくれるのです。もちろん店内では図書館のように自由閲覧可です。そしてさながら貸本屋（僕たちのこどもの頃は「貸本屋」という業態がありました）なのです。実はここを訪れる付加価値のようなさらなる愉しみは、指呼の場所にある古書店「徒然舎」です（奇しくも、店主は同志社大学の文学部卒業の女性です）。雑誌『民藝』のバックナンバーを多く備え、しかも驚くほどの安価です。先日は、この雑誌の一九六八（昭和四三）年の八月号をみつけて（何と、一二〇〇円でした）購入しました。かつて大原美術館の理事長でもあった「大原総一郎追悼特集号」であり、そのご子息で僕も懇意にさせていただいている現理事長の大原謙一郎氏（僕の講義にも一度おいでいただき、学生のために講演をお願いしたことがあります）の「御会葬御礼」という一文も掲載されていました。購入して、そのまま「フィールド」に赴き、珈琲と共に味読したことはいうまでもありません。

◇

❖ みんなで考えてみよう③

宮本常一の著作集別集に、『私の日本地図　全15巻』があります。そのうちの第14巻に当たるものが、『京都』です。その最後には「昭和五〇年一月五日午前三時稿了」と記されています。一九七五年に宮本はこの原稿を書き上げたのです。今からおよそ四〇年前のことになります。そのことを念頭に置き、この作品のなかから引用する次の二つの文章を参考にして、現代を照射してみましょう。そして今においても十二分に妥当する重みを読み取ってください。引用は初出本ではなく、二〇一〇年刊行の未來社版に依拠しました。

なお、①②の宮本の文章を読むにあたって、さらに同じく宮本による③の文章をも参照してみてはいかがでしょうか。こちらは、『日本人のくらしと文化』（河出書房新社〔河出文庫〕、二〇一三年）からのものです。実は「註(31)」で紹介しましたが、この一文は、柳田國男『蝸牛考』と松本清張『砂の器』をも想起させてくれます。併せて言葉を通してみた「都鄙連続論」について考えてみることも一興です。

① 三十三間堂が多くの民衆にとって近しいものになっているのも、このような伝説をもとにした浄瑠璃や歌舞伎の影響も大きく、近頃テレビの大河番組などに登場した土地が観光ブーム化するのと相通ずるものがあるように思うのである。京都をおとずれる観光客が年間三〇〇〇万にものぼるというが、実は善男善女たちが、信仰によって守りつづけた思いがこの寺々にしみこんでわれわれをひくのであろう。（『京都』一一頁）

② いろはかるたに「京に田舎あり」というのがある。これは京都にも農村がついているというふうにもとれるが、京にも田舎風があるというふうにもとれる。この田舎ということばは、京のみやびに対する、田舎のひなびたを対応させたことばと思われる。私の郷里の古老たちは「京に田舎あり」といわないで「京にダイゴあり」といっていた。ダイゴとは在郷のことで、在郷は町方に対することばであった。とにかく、みやびや

かに見えるものの中にもひなびたものがあるということが田舎人のいいたいことばであった。（同上書、二四八〜二四九頁）

③柳田国男先生が、「遠野物語」を書かれた、あれをお読みになった人たちは、「こんなに田舎はない」という感じを深くしておられるのですが、私は、遠野というところは、大変進歩したところだと思っているのです。逆なんです。あそこに、あれだけのオシラサマがある。面白いほどたくさんある。着せてあるものを見ますと、よそから入ったものがあるのです。しかも、大阪から入ったものもあるということになると、大阪の文化と、何らかの関わりがなければならないということになるのです。（『日本人のくらしと文化』六六頁）

（おまけでこんなことも考えてみよう）

京都と金沢を比較する見地から、少し興味深いことがあります。二〇〇七（平成一九）年公開上映された映画のひとつに、『舞妓 Haaaan!!!』（脚本：宮藤官九郎、監督：水田伸生）があります。当然でしょうが、京都が舞台と僕たちは思います。そのとおりなのでしょうが、ロケ映像を観ると、「鴨川―四条大橋―祇園」の想定と思われるシーンで、「浅野川―浅野川大橋―主計町」（すべて金沢です）が実際には使用されています。しかも、「犀川（おとこ川）」ではなく「浅野川（おんな川）」でした。その意図については、僕たちは推し量るしかありません（宮藤さんや水田さんに尋ねればいいのでしょうが）。

そこでみなさんは、どのように推し量りますか？

西田幾多郎の「空想が羽ばたく余地を与えない」という、京都というまちをめぐる一文について僕は本文で紹介しましたが、ふとそれを連想してしまいました。

なお、「鴨川」と「浅野川」の比較に関連しては、僕の別の駄文ですが「観光と感動―非日常と日常の関係がもたらす効果―」（久保真人編『感情マネジメントと癒しの心理学』所収、朝倉書店、二〇一一年）を参照してみてください。俗に「小京都」といわれる言辞を基軸に考察したものです。

註

（1）一例を挙げてみましょう。昭和・戦後の高度経済成長期といえば、日本が復興と豊かさを渇望し希望に燃えていた時代です。おそらく、平成バブル崩壊後の閉塞感のなかで話題を呼び多くの人々が懐旧の念とともに支持したのが「昭和レトロブーム」だったのではないでしょうか。このブームも「昔はよかった」という念、あるいは「希望に満ち溢れ明るかった部分としての昭和」が、一部では拡大解釈するように喧伝されていたのも事実ですね。希望に満ちて明るかったのは事実ですが、一方でそのことによって、しかし確かに存在していたような負の部分や影の部分を覆い隠してしまってはいけないわけです。このブームにおいては、エンターテインメントとして「昭和」が語られることが多かったようにも思いますので、あえてそうした部分への忘却が偽装されていたのも事実でしょう。しかし忘却の偽装は事実を隠蔽するための方便にもなるということを忘れてはいけませんね。

なお、これはあまりにも周知となったことですが、総理府広報室による「国民生活に関する世論調査」のなかの一項である「心の豊かさ」か「物の豊かさ」を問う部分があります。一九七六（昭和五一）年の調査時において、〇・六ポイントという僅差ながら前者が後者を初めて上回るという結果になりました。高度経済成長が事実上終焉を迎えたのが一九八三（昭和四八）年のことです。その後、七九年を境に前者優位の数値でその差は拡大していきます（七九年時点で、前者は四〇・九％でした。もちろん「一概にいえない」という回答も一六・〇％ありました）。参考までに、二〇〇〇（平成一二）年のデータによると、前者が五七・〇％、後者は二九・三％、「一概に……」は一〇・七％となっています。統計データを闇雲に盲信することはできませんが、「心の豊かさ」を求める数値の増大は、ある意味で高度経済成長の負の部分や影の部分を認識する傾向の増大化と比例しているのではないでしょうか。

（2）縄手雅守「観光文化の創造と観光振興」井口貢編著『観光文化の振興と地域社会』ミネルヴァ書房、二〇〇二年、一二五頁。

（3）まちつむぎや地域観光の振興でよく聞く謂いのひとつですが、「ヨソモノ・ワカモノ・バカモノ・スグレモノ」の功徳というものが必要なようです。鱸さんはその「ヨソモノ」の眼から足助の現代観光を支えてきたひとりなのでしょう。小澤さんはさしずめ「バカモノ・スグレモノ」であったのかもしれません。なお、まちつむぎや地域観光の仕掛け人を称して「最初はバカにされ、成功して尊敬され、やがて忘れ去られていく」などという向きもあります。小泉観光政策のなかのひとつの戦略として認定された「観光カリスマ」は、地域観光で尽力した人の業績を忘れることなく顕彰していこうとする意図もあったのではないでしょうか。

（4）溝尾良隆『観光学―基本と実践―』古今書院、二〇〇三年、一四四〜一四五頁。

（5）井口貢編著『観光文化と地元学』古今書院、二〇一一年、ⅱ頁。

（6）創刊一周年記念・巻頭プレミアムトーク「街づくり理念に共鳴するプロの思想」『学都』第五号、都市環境マネジメント研究所、二〇〇三年一〇月、二四頁。

（7）一八八六（明治一九）年に発足した「ナンバースクール」は、第一〜第五高等学校までです。第一高等学校は仙台、第三が京都、第五は熊本に設置されています。その後、ナンバースクールは、第六（岡山）、第七（鹿児島）そして第八（名古屋）まで設置されました。最後に名古屋に設置されたのは、一九〇八（明治四一）年のことでした。その後は、「ネーミングスクール」として一九一九（大正八）年に新潟高等学校、松本高等学校、松山高等学校が設置され、官立（国立）としての最後のネーミングスクールは、一九四〇（昭和一五）年の旅順高等学校ということになります。

僕の大学時代のゼミの指導教官は戦前生まれの人で、旧制中学校を四修後（通常五年制ですが、優秀な人は四年で修了し旧制高校に進学することができました。これを俗に「四修」と呼んだのです）に、第三高等学校そして京都帝国大学に進んだ人でした。ゼミの時間にその当時の思い出話をよくしてくれましたが、「河上先生はね……」ということで始まるそれがなぜか記憶に残っています。河上先生とは、彼の恩師のひとりで、あの『貧乏物語』（初版は一九一七年、現在は岩波文庫）といえば多くの人もご存じの経済学者、河上肇（一八七九〜一九四六）のことです（この話は先にもしましたが）。河上は「学者は詩人でなければならない」といっていたそうです。すでに何度か記しましたように、柳田國男（一八七五〜一九六二）は史心を大切にすることを求めましたが、それは詩心にも通じるはずです。

また4章で西田幾多郎（一八七〇～一九四五）と『善の研究』（初版は一九一一年、現在は岩波文庫）「純粋経験」のことなども記しましたが、彼らと同時代人でもあった西田もその回想を通して「哲学には論理的能力のみならず、詩人的想像力が必要である」旨を述懐していることは、非常に興味深いですね（『続思索と体験』岩波書店（岩波文庫）、一九八〇年、一八五頁（初版は一九三七年））。余談になりますが、同時代に生を得たこの三人ですが、西田は終戦前夜の六月に逝去、河上はそのおよそ半年後に鬼籍に入り、柳田のみが戦後二〇年近くの日本を観る（診る）ことができ、戦後高度経済成長の前奏曲ともいえる部分を瞥見しえたことになぜか興味が惹かれます。なお、彼らを一躍著名にした代表作がほぼ同時期に初版発行というのも面白いことです。しかも西田の『善の研究』と柳田の『遠野物語』は同じ一九一一（明治四四）年に刊行されています。

（8）吉行淳之介『街角の煙草屋までの旅』講談社（講談社文庫）、一九八一年、五〇頁。

（9）地域の内発性という問題については、今まで多くの人が論じています。夏目漱石（本書Ⅱ部扉部分参照）や柳田はもちろんいうに及びませんが、現代においては鶴見和子（一九一八～二〇〇六）の諸著作は大きな参考となるのではないでしょうか。僕自身が彼女の著作に最初に触れたのは、修士課程一回生のときのサブゼミのテキストとして担当教官と購読した『漂泊と定住と―柳田国男の社会変動論―』（筑摩書房、一九七七年）でした。当時、とても刺激的な著作と感じ、このサブゼミは学生時代（大学～大学院の）に最も面白かった演習でした（先にも触れましたが）。またこれは文芸作品ですが、井上ひさし（一九三四～二〇一〇）の『吉里吉里人』（新潮社、一九八一年）も地域の内発性を考えるうえでの傑作といえるでしょう。たとえ社会科学や自然科学を学ぶ人も、文芸作品を無視や軽視してはいけないのではと思ったのはこのときのことでした。マイナーな分野かもしれませんが、「文芸社会学」という研究対象もあるのです。文化や観光、芸術などをベースに地域社会を考えるときにはとりわけ大切な視点になるのではないでしょうか。ところで、「吉里吉里」とは岩手県に実在するまちで、あの二〇一一年の大震災でその名を耳にした人も少なくないでしょう。また、鶴見の上掲書のなかでしばしば援用されたのは柳田の『遠野物語』（初版は一九一一年、現在は岩波、筑摩、角川、新潮など文庫本多数）ですが、「遠野」もまた震災時に大きな役割を果たしたまちでしたね。

なおここで、鶴見のこのような言葉を引いておきましょう。「内発的発展とは、……そこへいたる道すじと、そのような目標を実現するであろう社会のすがたと、人々の生活のスタイルとは、それぞれの社会および地域の人々および集団によって、固有の自然発展に適合し、文化遺産にもとづき、歴史的条件にしたがって、外来の知識・技術・制度などを照合しつつ、自律的に創出される」（『内発的発展論の展開』筑摩書房、一九九六年、九頁）。

また鶴見の論考と比較していただく意味でも、経済学者の宮本憲一氏による日本型内発的発展論のエッセンスともいえる部分を抽出し紹介しておきましょう。「地域の企業・組合などの団体や個人が自発的な学習により計画をたて、自主的な技術開発をもとにして、地域の環境を保全しつつ資源を合理的に利用し、その文化に根ざした経済発展をしながら、地方自治体の手で住民福祉を向上させて行くような地域開発を「内発的発展」（endogenous development）とよんでおきたい」（『環境経済学』岩波書店、一九八九年、二九四頁）。

ちなみに、漱石が「現代日本の開化」と銘打って和歌山市で講演を行い、わが国の内発性への意志の不在を追求したのも、実は『遠野物語』と『善の研究』が刊行された一九一一（明治四四）年のことでした。河上・西田・柳田はもちろんのこと漱石も、西欧の思想と苦闘するなか、日本の自前の思想と学問を求めた人たちだったのです。すなわち、安易に思想の輸入商社となることに甘んじなかった、この時代においては稀有の達人だったのだということを忘れずにいたいものです。

(10) 宮本常一『旅と観光』（『宮本常一著作集　18』所収）未來社、一九七五年、二一八頁。

(11) 井口貢「観光文化とまちづくり、そして地元学へ」『経済月報』十六銀行法人営業部、二〇一一年六月号、一四頁。

(12) 井口貢「脱開発の時代のアーバンリゾートと街並みの保存」『日本都市学会年報』第三二巻、日本都市学会、一九九九年、四一頁。

(13) 井口、同上書、同頁。

(14) ここでいう「風俗としてのオタク化現象」というのは、「オタク」と呼ばれる若者たちの立ち居振る舞いや生態（あまり良い表現ではありませんが）などと考えてください。一例を挙げると、アニメやゲームを中心にコンテンツと呼ばれるものに熱中し、時としてアニメの聖地巡礼的コンテンツ・ツーリズムの担い手となったりします。僕の身近な場所でも、旧豊郷小学校校舎（滋賀県犬上郡豊郷町）は、アニメ「けいおん！」のイメージモデルとなった建物で、土・日曜日を中心に多くの「オタク」と呼ばれる若者たちが、聖地巡礼のために来訪します。

(15) 青木保「「文化」の重み―ソフトからハードへ―」『思想』第八一七号、岩波書店、一九九二年七月、五頁。

(16) 日下公人『新・文化産業論』PHP研究所(PHP文庫)、一九八七年、五二頁。
(17) ドイツ観念論の祖といえるG・W・F・ヘーゲル(一七七〇〜一八三一)とその思想を社会経済学的視点から批判的に継承したK・マルクス(一八一八〜一八八三)の思想を導きの糸にしながら、一九二〇年代頃よりフランクフルト大学の社会研究所を拠点にして思索と研究を進めた社会哲学者たちの総称をいいます。M・ホルクハイマーは一九三〇年にここの所長となりますが、本文中に記したようにヒトラー政権下アメリカ合衆国に亡命し、米国でこの思想を披歴展開します。第二次世界大戦後にドイツに戻ったホルクハイマーはフランクフルト大学長となり、その思想的発展を図りました。
(18) M・ホルクハイマー、T・アドルノ『啓蒙の弁証法』岩波書店(岩波文庫)、二〇〇七年、二五二〜二五三頁。
(19) 名古屋市周辺において、施設的にいうと、「産業技術記念館」(トヨタグループ)や「ノリタケの森」(ノリタケカンパニー)はともに名古屋駅に近接するようにして存在する企業博物館で、産業観光のイロハを学ぶことができます。併せ、都市観光の拠点にもなりうる場所だと思います。トヨタやノリタケは、日本を代表する世界的企業ですが、一方でフォークロア(民俗)的職人技をそのまちの景観とともに顕彰する産業観光のまちは、常滑や足助あるいは半田などを挙げることができるのではないでしょうか。常滑はイナックス(現、リクシル)、半田はミツカンとやはり日本を代表する大企業のお膝元ですが、歴史的にみれば中近世以来の職人技としての産業観光に醍醐味を感じさせてくれるまちで、足助とそれは同様です。さらに付記すると、名古屋鉄道(名鉄)は数年前より両市の観光協会と連携しながら、「窯へ、常滑。蔵へ、半田。」(これについては、二〇〇九年のもの)というキャッチコピーの下で、とりわけ秋の観光シーズンを中心にふたつのまちを併せたキャンペーンを行っています。
ちなみに二〇一三(平成二五)年の秋のキャンペーンでは、「秋遊　懐楽時間　常滑(日本六古窯のひとつ)……千年にわたり土器の技を育んだまち　半田(文学と醸《かも》す の文化)……童話作家新美南吉を育んだまち」と銘打っています。二〇一三年は、『ごんぎつね』で有名な新美南吉生誕百年の年でもあったのです。

また、本文中で「半分冗談めく」という前置きで「半沢直樹、銀行(第三次産業)、産業観光」と記しましたが、このエリアでの銀行・金融機関と産業観光といえば、岡崎市の「岡崎信用金庫資料館」を挙げなければならないでしょう。かつて旧岡崎銀行(後の東海銀行、現在は三菱東京UFJ銀行の前身となっています)本店の、赤煉瓦造りに御影石を配したルネッサンス様式の重厚な建物を保存修景型で活用した資料館です。この建物は、二〇〇八（平成二〇）年に国の有形文化財に登録されました。場所は伝馬通り（旧東海道五三次のひとつ岡崎宿があり、この通りは当時「二十七曲がり」とも称されました）の奥に面し、近くには江戸時代から「あわ雪」などの銘菓で旅人を和ませてきた老舗の菓子舗・備前屋（創業一七八二（天明二）年）をはじめ、商家が軒を連ね歴史の面影を感じさせてくれるエリアです。この註で紹介したいくつかの例は、僕の過去の本のなかにも紹介しています。

例えば『文化経済学の視座と地域再創造の諸相』（学文社、一九九八年）、『まちづくり・観光と地域文化の創造』（学文社、二〇〇五年）、『観光文化と地元学』（古今書院、二〇一一年）等々を参照してみてください。

(20) 地元出身の有名タレントを起用しての「惜しい、広島県」や「香川、うどん県」などはあまりに有名となった事例ですね。

(21) 後に追認するようにして僕が知ることになったのが、金沢ではまちの様子を「空から謡が降ってくる」と表現されることがあるということでした。これには深い意味があります。例えば、長山直治氏の論考「金沢にとって「伝統」とは何か」（地方史研究協議会編『地方史研究』第六三巻第四号、岩田書院、二〇一三年八月、一八～二一頁）は、観光化されることによって金沢の「非歴史的」な事実が「映画の書き割りのような風景」となっていることを批判的に捉えた論文です。「百万石のブランド」に散りばめられた文化資源である「加賀宝生」（まさに「空から謡……」を象徴する）や重要伝統的建造物群保存地区としての「ひがし茶屋街」などを事例に、観光による歪曲化や偽装化として捉える視点は、まさに本康さんもいう「批判的視座を確保する理性の枠組み」（註25参照）といっていいでしょう。なお発展的に読んでいただきたいものとして、ジョン・アーリ『観光のまなざし』（法政大学出版局、一九九五年）を薦めます。

(22)「石川四高記念文化交流館」は、「文化交流」と銘打つだけあって、旧四高の二階の四教室は、市内外を問わず三時間一八〇〇円という格安の料金で借用することができます。最近で僕が訪れた二〇一三（平成二五）年九月二六日の午後も、すべての教室が塞がっていました。金沢大学のあるゼミが行われていましたし、また市民団体のひとつ「『善の研究』を読む会」が研究会として使用していました。この研究会の休憩時間中に、ふたりの高齢の男性がたまたま一階の展示室に降りてきて、熱っぽく「グルメもミシュランもいいけど、金沢はもっと四高を活用してまちづくりをすべきだ」と語り合っていたところに遭遇しましたが、それはとても印象深い光景で、まちのエートスの一端を感じたように思います。

(23) 思想史の面では、西田幾多郎や鈴木大拙(貞太郎、一八七〇～一九四五：仏教思想家)、藤岡作太郎(一八七〇～一九一〇：文学史・文明史家)を生んだ金沢は非常に重要な意味を持つまちですが、それに勝るとも劣らないのが文芸史の分野です。「石川近代文学館」と称される所以です。「金沢三文豪」とも呼ばれる、泉鏡花(一八七三～一九三九)・室生犀星(一八八九～一九六二)・徳田秋声(一八七一～一九四三)はいうに及ばず、中野重治(一九〇二～一九七九)や吉田健一(一九一二～一九一七)、先に記した井上靖、三島由紀夫、さらには五木寛之、唯川恵などの現在も活躍する作家に至るまで、このまちに生まれ、あるいは一時の寄寓をなしたり、また旅人として作品に著した創作者の数は地方都市として傑出しているのではないかと思います。この事実は彼らが金沢のトポスに惹かれ、また彼らの作品が金沢のトポスをさらに次の段階へと進めてきたことを語っているのだと思います。なおさらなる補足ですが、思想史的側面では西田と鈴木、藤岡を「加賀の三太郎」と称し、その俊秀ぶりは地元で讃えられ続けています。

なぜこれほどまでに多くの思想家や作家がこの風土で育まれたのか。晴天が少なく鬱屈とした気象条件が内省的な気質を育んだから、と通り一編の観光パンフレットなどに書かれることもありますが、それは一面的にすぎないと思います。さらにもちろんいうまでもないことですが、決して自然科学的な身体論のみでは解明はできないでしょう。ましてや、ギャグのような血液型論に拠るなどは論外でしょう(「石川県人は、真面目で内省的で几帳面なA型が多いから……」といった話で落ちをつけることなどできないということです)。残念ですが、僕もその答えを準備することはできませんが。

(24) 本康宏史「「金沢学」と観光文化」井口貢編著『観光文化と地元学』古今書院、二〇一一年、一六〇頁。

(25) 金沢学叢書を全巻に渡って、その編者と表題を紹介しておきましょう。

『金沢学①　フォーラム・金沢―伝統と近代化のはざま―』金沢学研究会編、一九八七年。

『金沢学②　パフォーマンス・金沢―都市文化を読む―』同上編、一九八九年。

『金沢学③　講座　金沢学事始め』八木正編、一九九一年。

『金沢学④　ホワットイズ・金沢―職人・作家・商人のルーツを探る―』黒川威人編、一九九二年。

『金沢学⑤ パースペクティブ・金沢―「金沢ビジネス」の功罪―』水谷内徹也編、一九九三年。

『金沢学⑥ マンタリテ・金沢―「遊び」からみえるもの―』丸山敦編、一九九五年。

『金沢学⑦ ポプラール・金沢―モノづくりと町づくり―』黒川威人編、一九九六年。

『金沢学⑧ イメージ・オブ・金沢―〝伝統都市〟像の形成と展開―』本康宏史編、一九九八年。

『金沢学⑨ トポス・オブ・金沢―伝統都市の場所性をめぐって―』櫛田清編、二〇〇〇年。

『金沢学⑩ カラー・オブ・金沢―彩で繋がれた街―』山岸政男編、二〇〇三年。

(26) 西田幾多郎『続思索と体験 「続思索と体験」以後』岩波書店（岩波文庫）、一九八〇年、一八三頁。

(27) 西田、同上書、一八五頁。

(28) 柳田國男『明治大正史世相篇』筑摩書房（ちくま文庫）、一九九〇年、一二一～一二三頁。

(29) 西田、前掲書、一八八頁。

(30) 酒井美意子『加賀百万石物語』主婦と生活社、一九九二年、一〇四頁。

(31) 「方言コスプレ」については、田中ゆかり氏の『「方言コスプレ」の時代―ニセ関西弁から龍馬語まで―』（岩波書店、二〇一一年）が楽しく解説してくれています。この著作は、方言の価値や意味を問うなかで、メディアや創作物、テレビドラマのなかで過剰なまでに方言が駆使されることによって損なわれてしまうリアリティを問題意識のひとつに据えて、日本語と日本社会の今を撃とうとしています。

　象徴的で面白いのは「龍馬語」という造語です。今の日本人が抱く龍馬像は、司馬遼太郎の歴史小説『竜馬がゆく』によって形成されてしまったというのは、最近では周知の事実となってしまいました。そうした「竜馬像」を「龍馬イメージ化」したさらなる一因は、テレビ映像化されたところにも大きな一因がありそうです。そして、あの福山雅治さんもが映像のなかではコテコテの土佐弁を駆使していました。

　これもまた、「方言コスプレ」を活用した一例です。龍馬の実像は、お調子者のええカッコしいであったという説もありますが、もしそうであったとすれば、意外なことに本当の竜馬は、幕末の京都では土佐弁を隠して、「京ことば」に身を扮して「方言コスプレ」を演じていたのかもしれません。

　田中氏の本を読んだら、その発展学習としてぜひ柳田國男の『蝸牛考』（初出：一九三〇年、筑摩書房（ちくま文庫）、一九九〇年）を読んでみましょう。さらには、松本清張（一九〇九〜一九九二）の『砂の器』（光文社（カッパノベルス）、一九六一年）も考えるヒントとなるに違いありません。柳田の作品は、「方言周圏論」を仮説に置き、都（京都）を中心とした同心円状に方言の類似性を追求しています。清張の作品は、いわゆる「ズーズー弁」が事件解決のヒントになるのですが、僕たちにはそれは「東北地方のみ」という固定観念がありした。しかし出雲地方の亀篙周辺（雲州算盤の産地でもあります）にもそのイントネーションが存在しているという事実に注目した刑事によって、殺人事件は急展開します。清張が撃ちたかったことは、もちろんハンセン氏病患者に対する蔑視とそれが引き起こす哀しい事件ですが、「方言周圏論」からの示唆がバイプレイヤーとしての役割を果たしています。

（32）宮本常一『日本人のくらしと文化』河出書房新社（河出文庫）、二〇一三年、六七〜六八頁。

（33）井口貢『文化経済学の視座と地域再創造の諸相』学文社、一九九八年、九七〜一〇四頁。

（34）ちょうどこの頃、一九七五（昭和五〇）年に文化財保護法の一部改正が行われて、「重要伝統的建造物群保存地区」の認定が始まりました。二〇一三（平成二五）年八月現在で、四一道府県八四市町村一〇四地区が認定の対象となっています。近江八幡市の近江商人の商家群は早くに認定されていますし、本書で記した足助の商家群も二〇一一（平成二三）年に認定されています。また最近では、高岡市（富山県、ここは幕藩体制期においては、加賀藩前田家の所領でしたので、金沢との関係性は深いものがあります）の金屋町が認定されています。二〇一二（平成二四）年のことです。高岡市は、すでに山町筋と呼ばれる商家群が二〇〇〇（平成一二）年に認定されています。金屋町地区は、前田家が江戸初期より銅器職人たちを手厚く保護し、集住させた地区です。現在では生産の中心は工業団地にありますが、日本の銅器生産のシェアは九〇％を超えています。金屋地区は江戸期からの趣が色濃く残り、格子窓（高岡では「さまのこ」と呼んでいます）と石畳が独特の風情を醸し出し、来訪者には体験学習もできるような対応をしています。高岡大仏が日本三大大仏のひとつに数えられるのも、銅器生産が盛んであったことの象徴であり、高岡の人たちの誇りになっているのではないでしょうか。高岡にとって、国宝・瑞龍寺は歴史文化観光の要ですが、山町筋と金屋町は地場産業を中心とした産業観光の要なのです。戦前には、旧制高岡高等商業学校（現、富山大学経済学部）が設置されていたのも、その歴史性ゆえでしょう。

さて、一九七五年のこの制度の認定は、わが国のまちつむぎにもとづく観光の在り方を大きく変えたように思われます。それを象徴するのが、「足助の三つの命題」（僕が勝手に「三つの命題」と命名したのですが）ではなかったかと考えています。すなわちそれは、以下のとおりです。①保存することも開発である、②観光とは地域文化の創造である、③福祉とは観光である。これらの言葉は、足助の人たちがまちをより良いものにしていくために長年にわたって取り組んできた営為から生まれた言葉です。

（35）これは、岡崎商業高校の生徒たちが企画し、愛知県春日井市内の菓子メーカーと共同で開発した「飴」です。黒糖味や抹茶味、いちごミルク味など一〇種以上の味わいです。パッケージは岡崎市美術博物館（岡崎市立）の資料提供を受けながら、生徒たちによってデザインされています。「天下の飴」とレタリングされ、「三つ葉葵」という徳川家の家紋をあしらいつつ、「鳴かぬなら　鳴くまで待とう　ホトトギス」という、家康の姿勢を示したことで有名な川柳が刻まれています。

（36）景観について考えるうえで大切なことは、たくさんあると思いますが、正の遺産と負の遺産について考えることはとても重要です。大樹寺で記したような、歴史上著名な人物が残した美しい歴史的景観は、まさに正の遺産といえるかもしれません。

一方で、司馬遼太郎が『街道をゆく　近江散歩』（朝日新聞社（朝日文庫）、一九八八年、一〇五～一〇六頁）のなかで、彼の愛した伊吹山（滋賀県境と岐阜県境に跨る）について、次のような指摘を残しています。まず、引用を含め要約してみましょう。

「塗料をぬった伊吹山……牛の背のように大きく、しかもミルク入りのチョコレート色の岩肌を盛り上げたこの名山は、地球の重量をおもわせるようにおもおもしい、その姿を見るたびに、私のなかに住む古代人は、つい神だと思ってしまう。……伊吹は北近江のひとびとの心を何千年も鎮めつづけてきた象徴といっていい」とその景観について、司馬は称賛したあとに現代文明の嵐にさらされて変貌する伊吹山の姿を、「破綻した文明を弥縫」する象徴と断罪したうえで、「五十年後もこういうぐあいだとは思いたくない」と述べています。変貌する……というのは、司馬が訪れていた頃にはまだ操業されていた大手セメント会社の工場が（伊吹町内、現在の米原市伊吹町上野。現在は閉鎖され、土を運んだ大きなベルトコンベアなどの一部施設が田園空間のなかに産業遺産として残っています）、原材料採掘のために伊吹山を利用していたため、東海道線からみて伊吹山の向かって左肩が大きく「かぶりとったように欠けていた」

からにほかなりません。しかも、かぶりとられた痕が目立たないように緑色の「塗料をぬった伊吹山」の姿に、さらなる憤りを司馬は覚えたのです。

米原市では二〇一三（平成二五）年に、「米原市景観計画」を制定しました（米原市土木部都市計画課）。その際に、同志社大学大学院総合政策科学研究科の僕の研究室では、市からの要請を受けて、前述した郭育仁君らを中心とした院生およそ一〇名が、制定のためのワーキンググループをつくりました。その議論のなかで強く印象に残ったのが、閉鎖されたセメント工場のなかの田園景観を、「産業遺産の景観」として刻み込もうという意見でした。美しい田園空間のなかで、ともすれば醜悪にみえる残骸のようですが（負の遺産）、大手企業が地元の伊吹町で雇用して、ここで働く人々が確かに存在していたということを記憶に残す必要性を感じたからです。確かに、司馬的にいっても、負の遺産といえる部分はあるでしょう。しかし一方で今は醜悪であっても、ここを生業の根源として喜怒哀楽と共に生きた人々の風景、すなわち産業考古学的ともいえる、文化的景観があることをも忘れてはいけないのです。

あとがき

　この本をつくるにあたって、その発端のときに、ある意味で少し変わった試みができないかと考えました。その試みに対して、「ひとりでも多くの読者に届けるためにも、教学書と一般書とが兼ねうる新たな創造に共に携わることができれば」というご熱意とともにこの本づくりに賛同いただいた法律文化社の田靡純子社長と編集担当の上田哲平さんには、ただただ深謝あるのみです。

　僕のこれまでの単著・編著に限っていえば、『文化現象としての経済』（学術図書出版社、一九九五年）から『観光文化と地元学』（古今書院、二〇一一年）、そして同年の『地域の自律的蘇生と文化政策の役割』（学文社）に至るまで、都合一一冊の本を出すことができました。それは、編著については、ご執筆の労をおとりいただいた良き共著者の方々と、上記出版社およびミネルヴァ書房、学芸出版社、水曜社の優秀な編集者のご協力があってこそできたものです。また単著に関してはこれまでのものはすべて、編集までご担当いただいた学文社の田中千津子社長のご厚情なくしては出来上がりませんでした。

　そして今回の単著については、上記の一一冊と違って「ある意味で少し変わった試み」となっている大きな理由は、読者の対象を若い読者である中学・高校生から熟年の方々に至るまで、広い対象に想定したことがそのひとつです。中学生や高校生のみなさんには、興味関心がないと少し辛いかもしれませんが、これをきっかけに関心領域を広げていただけると嬉しいと念じました。

　だからというわけでは決してありませんが、１章の冒頭は僕が中学三年生のときに、ふたりの先生（国語担当：阿部秀彦先生と音楽担当：今藤恵水先生）から受けた授業の体験から始まります。「はじめに」で記しましたが、僕は同志社大学の政策学部および総合政策科学研究科の教員として「文化政策」と「観光政策」を中心に講じ、そして演習（いわゆる、「ゼミ」です）を担当することを主な生業としています。将来大学教員として生きることになるとは、しかも文化や観光に関わる分野で……などとは、中学三年生の僕は夢にも思っていませんでした（何といっても当時は、読売巨人軍で三番を打ちたいと思う野球少年で、当時の巨人の三番バッターで現ソフトバンクホークスの王貞治会長にはファンレターを送るぐらいでしたから）。しかし、中学のときに受けた授業が〝原体験〟となってそのことがずっと心に残り、現在の職業にどこかできっとつながっているに違いないと、今となったら思えて仕方ありません。

その後の、高校時代の恩師（英語担当：津布良忍先生や倫理社会担当：西川常雄先生）から受けた僕の偏執狂的読書熱への影響、大学に入学し覚えた旅の愉楽や「喫茶店は学びの場でもある」ということを教えてくれた先生（教養課程での英語担当：山岸政行先生）の〝教え〟等々が、僕のなかで発酵されてこの本をつくる動機のひとつとなったことも否定しません。

そして大学教員（短大も含めて）になることができ、専任教員としては岡崎女子短期大学（愛知県岡崎市）、岐阜女子大学（岐阜県岐阜市）、京都橘女子大学（京都市山科区）を経て現在の今出川に至ります。京都は今の僕の仕事の軸足ですが、岡崎市や岐阜市でのくらし、あるいは岡崎市在住時に平均してひと月に一回の割合で「金沢学研究会」に出席するために通っていた金沢市と金沢美術工芸大学（石川県）、さらには愚妻の実家にほど近い高岡市（このまちにある富山大学文化芸術学部では四年間非常勤講師も務めさせていただきました）などいくつかの地方都市を寓居とし、あるいはマレビト（稀人、客人）として再訪を重ねてきたことが、また僕のなかでは大きな血肉となりました（余談ですが、高岡・氷見を中心とした富山県の呉西地区では来訪者のことを「旅の人」と呼びます。若い人たちは今ではもう使わないでしょうが)。

地球儀を俯瞰すれば、こんなに小さくみえる日本が実は広いのだということ、Ⅱ部の扉で最初に引用した柳田國男の「猫が屋根伝い……」という指摘を、数か所の地方都市の体験だけでも、十分にその血肉は実感させてくれました。

僕のライフヒストリーのなかで巡り合った書物と同様に、くらしたまちや出会った人々もまた、書物と同様に僕にとっての大切なテキストであるということを表現してみたいと思いました。

「書を携えてまちに出る」ことの大切さですね。それがこの本のタイトルや文中、そしてその行間にも表れているのではないでしょうか。今までのライフヒストリーから僕が痛感したのは、文化も芸術も、あるいは観光も日々のくらしのなかからつむぎだされているという事実をしっかりと銘記しなければならないということでした。地域のささやかな歴史のなかでも、日々のくらしと生業を通して懸命に生きてきた人々が抱く矜持の念を想い、そして彼らに対する敬服の念を忘れないために。

さて今回の本は、他のそれとは違って「です・ます調」と「僕」という記述を通しています。〝臨場感〟などというととても大袈裟ですが、極力僕が講義やゼミで学生たちに話す、あるいは親しい友人たちと喫茶店で語り合ったりする、そんなイメージで本をつくってみたかった、しかもどこか遠い世界での話ではなく、身近な世間の、人と人との間から語れないか……と思ったからです（また、各部末の註釈がかなり饒舌になっているのも僕の「語り方」の特徴を「再現」しているのかもしれないですね。故に、註釈部も必ずしっかりお読みいただければ嬉しく思います）。もちろん文体の形式だけでそれはできることではありませんが、とても愉しみながら原稿をつくることができたと思っています。

僕の好きな作家のひとりで、劇作家でもある井上ひさしさんが残した有名な言葉があります。

「むずかしいことをやさしく、やさしいことをふかく、ふかいことをおもしろく、おもしろいことをまじめに、まじめなことをゆかいに、ゆかいなことをあくまでもゆかいに」がそれです。

僕自身「志は切であっても遺憾ながら能力がこれに伴わない」（柳田國男は謙遜してそういうスタンスをしばしばとっていましたが、僕は謙遜ではなく……）ため、井上さんの域に達することは決してできませんので、この本もまったく彼の名言に対しては赤面の極み以外の何ものでもありません。

僕がかつて博士後期課程に進学しようとしたときに提出した修士論文に対して、ある教官から「君の文章は難渋に過ぎる」といわれた経験があります。二〇代半ばの若気の至りというか、「やさしいことをむずかしく」いおうとしていたのですね（経済学研究科の修士課程修了生が、文学研究科の博士後期課程に挑んだということも、あの時代であれば無茶苦茶なことでしたが……）。

しかしそのときの経験から、少なくとも「やさしいことをむずかしく」、はいわないようにしなければと思うようになったことは事実です。将来は教壇に立ちたいと思い始めていた頃でもありましたので（その頃読んだ、西田幾多郎の「或教授の退職の辞」が心に沁みました。本書一四六頁を参照してください）。

そして今、「黒板を後ろにして立った」僕の人生の後半の、午後のひとときにでも、この本を肴に若い人たちはもちろんのこと、僕と同年輩以上の親しい人たちと、珈琲でも飲みながらお話ができればと念じています。

最後となりましたが、この拙著が出来上がるに際してお世話になったすべてのみなさん（大学での同僚、あるいはかつて同僚であった人たち、また職場こそ違えども共に親しくさせていただいてきた人たちや地域の人たち……）に謝意を表したいと思います。冒頭の繰り返しとなりますが、法律文化社の田靡純子社長、上田哲平さんからのご熱意やご要望、ご厚情にどこまで応えることができたか自信はありませんが、これに勝る深謝の念でもってご寛恕いただければ幸甚です。

また、本書で岐阜についての【コラム②】を寄稿していただいた、岐阜県商工労働部観光交流推進局の前局長で現顧問の古田菜穂子さん、「書を携えてまちへ出るということ」で井口ゼミ紹介文を記していただいた、同志社大学大学院総合政策科学研究科の郭育仁君（博士後期課程）、池田優衣さん（同）、下元悠生君（博士前期課程）には、心より感謝いたします。また、プロフィール欄でイラストを描いてくれた学部ゼミ・六期生の古村有佳理さんにも深謝し、かつ歴代のすべての井口ゼミ生のみなさんにも、共に出会い学ぶことができたことを衷心より嬉しく思っています。

そして岡崎、岐阜、京都といくつかの職場を移籍するなか、くらしを共にしてきた妻・淳子や四人のこどもたち（文加・知加・惟加・遼人）の何気ないそれぞれの発言も、ヒントや支えとなっていることは否定できません。併せここに、彼と彼女たちに対しても謝意を表しなければと切に思っています。

筆者敬白

二〇一四年二月七日

井口　貢

Iguchi Mitsugu

1956年　滋賀県米原町（現，米原市）生まれ
現　職　同志社大学政策学部・総合政策科学研究科教授
　　　　岡崎女子短期大学経営実務科助教授，岐阜女子大学文学部観光文化学科助教授，京都橘女子大学文化政策学部文化政策学科教授を経て，2007年4月より現職
関　心　文化政策学，観光政策論，観光文化論，地域文化論，日本近現代文芸史，日本民俗学と公共性
単　著『文化経済学の視座と地域再創造の諸相』学文社，1998年
　　　『まちづくり・観光と地域文化の創造』学文社，2005年
編　著『文化現象としての経済』学術図書出版社，1995年
　　　『観光文化の振興と地域社会』ミネルヴァ書房，2002年
　　　『まちづくりと共感，協育としての観光』水曜社，2007年
　　　『入門　文化政策』ミネルヴァ書房，2008年
　　　『観光学への扉』学芸出版社，2008年
　　　『地域の自律的蘇生と文化政策の役割』学文社，2011年
　　　『観光文化と地元学』古今書院，2011年
共編著『地域力再生の政策学』（真山達志・今川晃との共編）ミネルヴァ書房，2010年
　　　『京都・観光文化への招待』（池上惇との共編）ミネルヴァ書房，2012年
共　著『ポプラール・金沢』（黒川威人編）前田印刷出版部，1996年
　　　『柳田国男・ことばと郷土』（柳田国男研究会編）岩田書院，1999年
　　　『感情マネジメントと癒しの心理学』（久保真人編）朝倉書店，2011年　ほか多数

■研究室紹介

書を携えてまちへ出るということ

井口ゼミの学生たちは，特に地域における文化政策・観光政策に深い関心を抱き，教室の中での学びのみではなく，現実の地域をフィールドにして考察することも積極的に取り組んでいます。また，書物に書かれた地域の姿や課題を実際に現場で発見し，加えて，ゼミで共に学ぶ学生や，時には地域の人達とともに問題解決に向けた実践的研究も行います。言い換えれば，書物から得た知識を批判的に継承し，地域社会への直観と分析を通して，ヒト・モノ・コト，そしてささやかであってもその歴史を横軸として地域社会を俯瞰するということです。さらに換言すれば，“虫の目と鳥の目”で風土を見つめるということになるでしょう。

学生たちに目を向けると，それぞれが書物の知識とまちで学んだ知恵との相関関係のなかで相乗的に学び，地域社会から発した政策学的思考を創り上げていっているように思います。普段のゼミでは，観光と文化を巡る地域政策の展開について学生主体の研究発表が行われています。さらに，同じ学年のゼミ生にとどまらず，社会人院生も含めた文化政策の学徒たちが上下の隔たりなく，書を携えて，まちに出て，愉しみながら研究を続けています。

（作成協力：池田優衣・郭育仁・下元悠生・古村有佳理〔イラスト〕）

Horitsu Bunka Sha

くらしのなかの文化・芸術・観光
——カフェでくつろぎ、まちつむぎ

2014年2月7日　初版第1刷発行

著　者　井《い》口《ぐち》　貢《みつぐ》

発行者　田靡純子

発行所　株式会社 法律文化社

〒603-8053
京都市北区上賀茂岩ヶ垣内町71
電話 075(791)7131 FAX 075(721)8400
http://www.hou-bun.com/

＊乱丁など不良本がありましたら、ご連絡ください。
お取り替えいたします。

印刷：共同印刷工業㈱／製本：新生製本㈱
装幀：仁井谷伴子

ISBN978-4-589-03568-4